38

則職場幸福小練習

上班二三年
開始減壓過生活

佳樂——著

【序言：剛開始上班兩三年減壓的哲學】

剛開始上班兩三年，我們會感覺到壓力越來越大，每天都忙得焦頭爛額，不知道何時才能放鬆下來。其實，剛開始上班兩三年固然會很勞累，但也有必要去面對，想想看，勞累了人生才會充實，現在勞累了將來才能過上好的日子。然而，人的精力是有限的，我們可以避免剛開始上班兩三年就這麼勞累。何必讓自己整天疲憊不堪呢？

我們可以減輕壓力，像衣食住行等，固然人人難免被這些問題所困擾，但卻可以更好地去應對，不讓衣食住行壓得自己喘不過氣。而除了衣食住行之外，並不是沒有其他的事情需要處理，在處理之前，不可沒有方向，以免方向不對，努力白費。這樣，方向對了就不會多做無用功，就能事半功倍。

而除此之外還有其他方面上的壓力。試想想看，剛開始上班兩三年，大部分的人都不願意單身，渴望得到愛情的溫暖，然而，有的人會受傷，但如果把愛當做一種信仰，就不會愛情上過於心力交瘁了。愛情只是人生中的一部分，順其自然，再

去追求，才有可能俘獲愛，否則，強求反而會沒有益處。

　　對於愛情之外的，年輕的上班族最在乎的可能就是工作了。往往工作上殫精竭慮，但並沒有收到效果。而要是換一種心態，正確地看待工作中的挫折和不快就會輕鬆很多。想想看，如果心態總是陽光普照，即便此刻外面颱風下雨，也會想到雨過天青的潔淨舒爽；工作上也是如此，心態積極，世界就會明朗，就不會被烏雲所壓蓋。

　　工作上輕鬆了，家庭上的壓力也不可忽視。這時候要面對的無非是和父母之間的問題，父母的嘮叨、不厭其煩地說教，該怎麼辦呢？注意傾聽，並有自己的主見，才能更好地處理和父母之間的問題，否則，肯定會被父母打攪得意亂心煩；而且思想上沒有了自主，活得並不踏實自在。不過，父母是無私的，只有他們才會時刻為子女考慮著，只是有時方法不適當罷了。

　　對於年輕的上班族，也有必要為未來考慮。例如，身體要健康、金錢要適度等，這樣，將來才不會被這些難題所煩擾。

　　然而，話又說回來，年輕的上班族感覺活著很累往往是基於兩個方面的考慮：一是事業，一是愛情。然而，大部分的上班族渴望事業、愛情雙雙豐收，這種念頭固然是好，但達不到時卻令人感到失落灰心。明智的態度是，不患得患失，不去過

多地強求，如此就能慢慢地體驗出事業、愛情兩得意的滋味，那麼甘甜，那麼令人回味！

在擁有了事業、愛情之後，上班族可能還會有其他數不清的欲望，但要知道，欲望太多就會活得很疲憊。而聰明的你，年輕的上班族，你是可以不必於活得這麼累的，關鍵是要知道適時減壓，否則，重擔一件一件地往身上扛，只會把自己壓垮。

你有必要在剛開始上班的兩三年就學會減壓，因為不願意放下就會步履難行，只有適時減壓才會輕裝上陣，你的人生才會充滿樂趣！

CONTENTS 目錄

Style 1

衣食住行,你被壓得喘不過氣來嗎?

剛開始上班兩三年,年輕的上班族會壓力越來越大,首先要解決的就是衣食住行。面對這些,你能夠遊刃有餘嗎?是被壓得喘不過氣來,還是很好地面對?其實,壓力固然難以完全消去,卻可以有祕訣大大減輕。

Style 2
無論多麼忙，都要有方向

剛開始上班兩三年，你會忙得焦頭爛額，但有一句話請千萬牢記：「如果方向不對，努力就會白費。」所以，年輕的上班族有必要找對方向，以免辛辛苦苦到最後卻成了枉然。

Style 3

愛情是個什麼，無非是一種信仰

愛情是個什麼，讓很多年輕人摸不明白。其實，愛是一種信仰，不可強求，但有必要去追求，以免與愛擦肩而過。

Style 4

工作上可以輕鬆，看你什麼心態

剛開始上班兩三年，大部分的人都在努力工作著，而且會覺得很疲憊，但如果換一種心態看待工作，說不定就會輕鬆很多，關鍵是工作並不難，心態好了，未來也就明朗了。

Style 5

為未來投資是一個慢過程

剛開始上班兩三年，不可只顧眼前，有必要為未來考慮，以免現在累，將來更累。只有為未來投資，將來才會壓力小一些。而投資是一個慢過程，慢慢地你就會覺得輕鬆了不少。

Style 6

事業愛情雙豐收，不必過於渴求

大部分的人都希望事業、愛情雙雙豐收，也為此追求著，但會身心疲憊。如果不去過多地渴求，心裏上的壓力就會減少一些。

Style 7

其實，你可以不活得這麼累

很多時候，上班族會感覺活得很累，不知道要到哪一天才能放鬆下來。其實，從現在開始，就可以不必活得這麼累，而且不會耽誤其他事情，反而由於得到了放鬆，在其他事情上更精力充沛。

Style 1
衣食住行，你被壓得喘不過氣來嗎？

剛開始上班兩三年，年輕的上班族會壓力越來越大，首先要解決的就是衣食住行。面對這些，你能夠遊刃有餘嗎？是被壓得喘不過氣來，還是很好地面對？其實，壓力固然難以完全消去，卻可以有祕訣大大減輕。

剛開始上班兩三年，
人生的分水嶺

剛開始上班兩三年，少了些幻想，多了些實在；剛開始上班兩三年，少了些幼稚，多了些成熟；剛開始上班兩三年，少了些依賴，多了些獨立；剛開始上班兩三年，少了些天真，多了些現實；剛開始上班兩三年，少了些感性，多了些理性；剛開始上班兩三年，少了些奢求，多了些追求；剛開始上班兩三年，少了些茫然，多了些實際；剛開始上班兩三年，少了些浮躁，多了些淡然；剛開始上班兩三年，少了些脆弱，多了些堅強……剛開始上班兩三年，感覺活得越來越累。

你有必要在剛開始上班兩三年之間累得讓自己爬不起來嗎？其實，剛開始上班兩三年要面臨許多問題，但總有解決的辦法，如果面對那些壓力無所適從，只會進退兩難。

這時候，有必要想一想，上班之前與剛開始上班兩三年的問題了。

上班之前，你可能想做什麼就做什麼，但剛開始上班兩三年，你就感覺不能再那麼為所欲為了，這時候你意識到了自己

有責任感，不再會敷衍了事；上班前，你可能認為往後的歲月還很長，年少輕狂一點沒有問題，但剛開始上班兩三年，要面臨許多問題，無論是感情、事業、生活還是自己，你都要很好地選擇，記住：人生是單選題，選擇你所選擇的，放棄你所放棄的，才會活得輕鬆、自在；上班前，你可能執著於某件事，夜晚睡夢中憧憬著明天，但剛開始上班兩三年，你要想清楚，那些夢想是否不切實際，你有必要找到適合自己的路，這樣，才能早一日步入成功的港灣；上班前，你仰慕人世間的英雄，學會崇拜，剛開始上班兩三年，你就要明白，學會欣賞自己，這樣才不會感覺活著沒有意義；上班前，你最在乎的是身高或者相貌問題，剛開始上班兩三年，你會明白，原來，氣質、風度、胸襟和內涵才最為重要。

上班前和剛開始上班兩三年，你會有對世界不同的看法，這時候你就不再是一個單純的少年了，有必要為未來考慮。因為，剛開始上班兩三年是人生的分水嶺也是關鍵的時刻，可以決定你的一生，成敗也可以因此拉開。

程思宇上班一年了，可是在面對人生眾多問題時他仍然像以前一樣滿不在乎。媽媽察覺到了，挺擔心地，對程思宇說：「兒子，你該為自己的未來考慮了！諸如買房的問題、娶妻生子等。」

程思宇說：「我現在和爸爸媽媽生活得很幸福，何必要考慮得那麼遠呢？」

媽媽說：「我們固然會照顧你，但是不能照顧你一輩子啊！想想，你年齡也不小了，要是在鄉下早就結婚了，而你現在連個正經八經的女朋友也沒有，怎麼能不讓媽媽擔心呢？再說了，我們家在市區雖然有兩間房子，但是那是爸爸媽媽的啊，爸爸媽媽可以給你也可以不給你，如果爸爸媽媽不給你的話，你以後買不起房子生活怎麼辦呢？」

程思宇說：「現在考慮那些問題還早，大城市裏的人不都是三十多歲才結婚嗎？我現在還小，還想和爸爸媽媽生活一段時間。」

媽媽說：「我們也想一輩子和你生活在一起，可是兒子啊，終有一天爸爸媽媽要離去，如果那時候你不能照顧自己，怎麼辦呢？可不能總是這麼輕鬆自在，該為自己的未來計畫計畫了！」

程思宇什麼都不管不顧，他也許暫時能活得輕鬆自在，可是，誰能讓他終其一生無憂無慮地生活呢？就連他的保護傘爸爸媽媽也不能照顧他一輩子。這時候，程思宇就不能再像以前那麼天真了。要知道，剛開始上班兩三年，會有很多難題考驗，就算有些人不必為買房子、吃穿發愁，但總有些東西是他

希望得到卻得不到的。

　　沒有人會一直僅僅滿足於上班之前的生活，他們會要求更高。工作上要升職加薪、對象要百裏挑一……這樣，他們才會有優越感，才會讓別人更看得起他。但這種優越感，不是誰想要就能擁有的。上班之前一無所有，那不是你的錯，剛開始上班兩三年，如果還身無分文，那就是你的錯了。當然，不光要物質上富有，精神上更要充實。

　　物質上的財富有可能轉瞬即逝，精神上的財富卻可以天長地久。

　　明白了這些，剛開始上班兩三年的我們就要勇於承擔，固然會活得累一些，但會其樂無窮，畢竟有所成有所不成。否則，碌碌無為，誰想過那樣的人生呢？

　　一個工作了一年的女孩想轉換單位，別人問她原因，她說：「在原先的公司沒有取得成就，怕會浪費青春。」

　　的確，如果我們茫然地生活下去，未來只會混沌一片。

　　我們有必要過好自己的人生，剛開始上班兩三年是人生的分水嶺，可以左右你的一生。這時候，不能以再像以前那樣不諳世事了，但也不要讓自己活得很累。因為，上班階段不知照顧好自己，老年時就會發現年輕時錯過了很多而後悔不已。

　　所以，年輕的上班族有必要明確自己的價值觀、人生觀。剛開始上班兩三年是人生的分水嶺，如果無法明智地做好選擇，就會誤入歧途。只有好好地思量抉擇，有了明確的方向，之後才會幹勁十足地衝刺，而且不會活得太累。

溫馨提示

　　上班之前、剛開始上班兩三年，其中的很多方面都要發生改變，這時候，有必要做明確的選擇了。剛開始上班兩三年是人生的分水嶺，可以決定你的一生，這時候人生觀、價值觀都會得到充分體現，如果選擇錯了，會活得很累且看不到發展。

② 不再攀比，衣著乾淨整齊即可

在學生時代或者上班之前，我們買好看的衣服，花的錢往往不是我們賺來的，當然，不會過多地心疼。但在剛開始上班兩三年，我們要想穿得體面，穿得讓人羨慕，就要花自己的錢了。花自己的錢，當然省著一點最好，但也不能太節省了，要對得起自己的青春。

這裏，有的人要問了，固然現在花費的不是父母的錢，花費自己的錢要節儉，但節儉到什麼程度呢？哪個年輕人不喜歡穿好看的衣服？的確，剛開始上班兩三年我們還青春，可以穿得很吸睛惹眼，但也要有一定限度，太花俏反而不會招人喜歡。

我們有必要穿著乾淨、整齊，並不是只要時髦、名牌就能滿足自己。想想看，我們現在是過日子了，而不是一味地只求引人注目、炫耀自己了。有必要在穿著打扮上更多用心，這樣才能給別人留下美好印象。實際上，每個人都想給別人留下好印象。的確，穿著能讓別人一眼判斷你的喜好、性格等。你有必要穿得符合自己的身份，既不鋪張浪費，又不過於吝嗇。

剛開始上班兩三年，上班族要在衣著上善待自己，總之乾淨整齊即可，無論你從事哪一行，這是基本要求。一個不修邊幅、邋裏邋遢的人一般而言不會有太好的發展的。

郭子茗大學畢業後去應徵工作，由於沒有錢買更好看的衣服，只好穿上平時的衣服前往。雖然主考官並沒有認為他穿得不正式，最終卻還是拒絕了他。原因是，他連領子都沒有整理，而且襯衫有兩個紐扣沒有扣上。郭子茗應徵失利，只好另謀他職。

郭子茗即便穿得不是多麼光鮮，但有必要乾淨整齊，這樣才會贏得主考官的賞識。

剛開始上班兩三年，你可能不會有很多錢買昂貴的衣服，尤其是在上班之前，開銷一般向父母伸手，而如今成年了，開始學習獨立，特別是在剛開始上班兩三年，要節省一點。要記住，就算買不起名貴衣服，只要穿著乾淨整潔仍能贏得別人的尊重的。

兆勇上班三年了，雖然賺的薪水不少，但他並沒有過多地花費在穿著上，他穿著很整潔，照樣能給上司、客戶留下良好印象。

兆勇雖然有錢，但並沒有過多地花費在穿著上，是他不喜歡穿好看的衣服嗎？不是！沒有人不喜歡穿好看的衣服。是他

不捨得花錢嗎？也未必！想想看，如果他現在花錢大手大腳、揮金如土，等錢花光殆盡而他急需用錢的時候該怎麼辦呢？

在某家公司裏有兩位女孩，她們一個愛打扮，一個只知道埋頭工作。她們兩人月薪相差不多，一到薪資發下來的時候，那個愛打扮的女孩就逛商場，買很多又漂亮又昂貴的衣服；而那個埋頭工作的女孩，將領到的工資都存了下來，穿著樸素但不失體面。後來，這家公司倒閉了，兩個女孩不得不離開。那個愛打扮的女孩由於沒有儲蓄，只得隨便找了一個能夠勉強糊口的工作，而那個銀行有存款的女孩，卻可以選擇自己喜歡的工作，且不用為錢發愁。

兩個女孩一開始在同一家公司，後來卻有了不同的結果。你覺得哪個女孩的發展會好一些呢？這時候我們會說是第二個女孩。的確，那個穿著樸素但懂得儲蓄的女孩會有較好的前途，因為，她不去趕時髦，知道未雨綢繆，將來肯定能過得更好。

上班族也該學會不去和別人比較穿著，即便你一身穿得是價值連城，如果沒有一點真才實學，或者只知道如何打扮取悅別人，最多只能當個花瓶罷了。

固然每個人都喜歡那些穿著光鮮亮麗的人，但除非你是在娛樂圈發展，其實沒有必要穿得那麼昂貴，只要乾淨整潔、

自信自在，照樣能贏得別人的讚歎羨慕。想想看，娛樂圈的人固然是個個都穿得很好看，但那是他們的職業需要，否則，不出眾不能引人注目。不能讓人眼前一亮，不是帥哥、美女，就很難在娛樂圈發展下去。如果你並非吃那一行飯，固然也可以穿得很炫目，但只要乾淨整齊，無論你穿的是名牌還是「菜市場」牌，不會有太大差別。

　　年輕的上班族沒有必要和那些趕流行、穿名牌的人一味地攀比，因為他們有那個經濟支持，而當你發了工資或者有錢了，也可以買好看的衣服，但不能把錢都花光了，畢竟要為將來著想。

　　為將來著想，才能將來壓力少一點，要是現在就把錢都花光，當將來需要用錢的時候，只有一籌莫展而開始後悔當初的奢侈生活了。

　　所以，剛開始上班兩三年沒有必要在穿著上和別人攀比，只要乾淨整齊即可，別人不會只通過我們的穿著就判斷我們的全部，我們乾淨整齊能留給別人好印象；此外，節省開銷，積攢財富，就不會為了穿好衣服現在就把錢都花光，以致將來叫苦不迭了。

溫馨提示

　　年輕人喜歡和別人比穿著，覺得穿得有品味就能有自豪感，但也不能把全部收入和精力都用在穿著上，有必要開始過日子了。因為，剛開始上班兩三年，除了穿衣打扮之外，還有很多地方需要花費，不能只顧著眼前奢侈揮霍，以致將來拮据遺憾。當然，不可以邋遢，也不可以過於隨便，有必要乾淨整齊，給別人留下好印象。

3　搬家到離公司近的地方

　　很多人認為搬家到離公司近的地方能夠減少壓力，但到底為什麼卻說不清楚其所以然。其實，對不少人而言，如果住的不是自己買的房子，搬來搬去，早已習以為常。我們可以從市區搬到郊區，也可以從郊區搬到市區，只要我們喜歡，往往會想搬到哪裏就搬到哪裏。然而，這時候問題出現了，在搬家之前，我們得準備一定的流動資金，否則就很難稱心如意了。市區房租很貴，優點是離公司近；郊區房租便宜得多，缺點是離公司遠。

　　首先要考慮自己從事的職業性質，然後確定是否搬家。如果是屬於內勤的工作，最好搬到公司附近，這樣就少掉了上下班路途的來回奔波，而且不用起那麼早，可以美美地多睡一會，畢竟住的地方離公司很近，十分鐘左右就到達，此外也省下了交通費用，這樣，豈不是兩全其美？相對地，如果是屬於外勤的工作，就不一定非得搬到公司附近居住不可。想想，公司往往坐落在繁華地段，那裏的消費很高，如果你不需要長

時間坐辦公室，建議你不妨找便宜、安靜的郊區居住，這樣一來，既可以使你的心靈得到休息，又不會耽誤工作。

上班族有必要明白自己的工作性質，然後加以選擇是否搬家，慎重考慮應該搬到離公司近或遠一些比較好。這樣，就會減少壓力。

孫豔霞是個櫃臺服務生，租住在蛋白區外，上班的公司則在蛋黃區內，為了上班不遲到，她每天早上六點鐘就起床。所以，每天來回奔波，她很累。

像孫豔霞這樣的工作，有必要住得離公司近一些，以免一天上班八小時，卻要用三四個小時的時間在路上奔波。誰有那麼多時間花費在一些並沒有真正意義上的事情呢？想想看，路程那麼遠，每天如此奔波，肯定很疲憊啦。當然，如果不需要經常到公司報到或長時間坐辦公室，考慮離公司遠一些而房租較便宜的房子，的確比較明智。

王洋一開始來深圳打工時，住在公司提供的宿舍裏。後來，他換了一家公司，而且不需要長時間坐辦公室了，因此就在郊區外租了一套房子，住得非常舒適，而且不用每天去擠地鐵。

王洋有了那個條件，可以搬到離公司遠一點的地方，但前提是他必須要把工作上的任務完成，否則，縱然想住房租便

宜，居住空間又寬敞、明亮、舒適的房子，也是好日子不長。因為，如果不能把工作做好，不久就可能被解職，而沒了工作收入，哪裏有經濟來源去住上舒舒服服的房子呢？

上班族有必要想清楚這一點，搬家到離公司近的地方房租會貴一些，但能少掉來回在路上的奔波，而且每天不用起那麼早，也不會遲到。不過，如果我們承受不了公司附近昂貴的房租，就只有住條件不好的半地下室或者另想其他的辦法了。畢竟，住只是住，不能耽誤了工作。

我們不可能為了住得舒適工作上卻敷衍了事，以免失去了工作到最後連便宜的房租也交不上。

溫馨提示

在公司附近居住，可省去上下班路途的奔波，而且不用起那麼早，也不至於遲到，關鍵是要看自己從事的工作性質。如果並不需要經常去公司，公司也沒有提供住宿，沒有必要在消費高的公司附近租房子，到便宜的地方租住可減少生活開支。

溫飽在先，先生存再發展

　　對於年輕的上班族來說，有部分人不時為著生活費煩憂。這裏，難免讓人擔心了：「都這麼大了還不能照顧好自己。」不是因為他們賺不到錢，也不是因為他們沒有更好的生存本領，其實，上天對每個人都是公平的，只是有些人比較幸運罷了。對於那些不幸運的人士，尤其要明白只有先謀生存才能求發展，如果連生存都無法保證，那就更談不上發展了。

　　想想，每天人群熙來攘往，無不在為生活奔波著，面對著巨大的住房等生活壓力，我們常常會疲憊不堪。但無論如何，生活還是得過下去。即便目前賺得不夠自己吃喝穿用，也要繼續好好地努力。畢竟剛開始上班兩三年不能再依靠父母了，不能獨立的人會讓別人笑話的。

　　你有必要在剛開始上班兩三年解決最起碼的溫飽問題，只有吃得飽、穿得暖才能更好地進行下一步，否則，連溫飽都顧不了，遑論其他？

　　劉小銀二十二歲大學畢業時身無分文，然而，到了二十四

歲時一樣還是沒有積蓄。僅僅為了糊口問題，他每天忙得不可開交。他有一個願望，就是自己開辦一家公司，可是憑他目前的狀況，恐怕一輩子都難以如願了。當別人問他何時才能實現夢想時，他說等將來有了錢再說。可是，他現在連溫飽也難以解決，怎麼會有更多的錢去開一家公司呢？

劉小銀固然有很美好的願望，但是連衣食問題都很難解決，夢想就更難以實現了。

要知道，夢想應該建立在現實基礎上，而在現實當中首要解決的問題就是吃飯、穿衣、睡覺、住房等，如果這些不能得到有效解決，其他方面都是白談。

年輕的上班族有必要先解決溫飽問題，但不能僅僅以此為足，你還應該懷抱更崇高的夢想，去做更大的事情，有更大的發展。

常灝上班三年了，他去年完成了一個大專案，賺了不少錢，但是今年起就沒有什麼案子要做了，只好吃著老本。但是，這樣下去總不是辦法，因為手頭的積蓄總有用光的一天啊。常灝不得不未雨綢繆。

常灝去年的確賺了不少錢，但並不保證他今年也會賺大錢，每年都能這麼幸運。如果後來的情況變得糟糕，他的生存就可能面臨難題，當然發展也岌岌可危。

年輕的上班族有必要解決生存上的問題，不能今天發達明天就淪落了。有必要保證能很好地生存下去，只有生存上無所憂慮，才能談得上發展。

　　楊毅剛畢業時，血氣方剛，意氣用事，經常換工作，但是，賺不到錢，總要為生存著急。後來，楊毅想不能再這麼頻繁地跳槽了，於是找了一個工作穩定的公司。現在，楊毅二十五歲，衣食無缺，活下去沒有問題，也有更多的時間和精力去做工作之外他想做的其他事情了。

　　楊毅在保證了生存的前提下，才有能力去做其他事情。否則，固然還有夢想等待實現，還有好多事情想要去完成卻沒有完成，如果連生存都保證不了的話，那些將永遠難以實現。

　　生存很重要，生活的基本如果不能顧好，將來就會很無望。好在我們已經在社會上打拚了幾年，大部分人不必為吃飯穿衣發愁了，也能過上較好的日子。但這往往僅考慮到自己目前的生活狀況，想想將來，可能要結婚生子，還要贍養父母等，壓力會越來越大。這時候，除了滿足於衣食無憂之外，你還有必要追求更進一步的發展。

　　剛開始上班兩三年不去求發展，就可能固步自封，而且談不上將來更大的成就。畢竟剛開始上班兩三年是人生奮鬥的黃金時期，固然會很累，但也要堅持下去。因為年輕的上班族

不能不追求更上一層樓，只有發展了，將來才會過上好日子。那時候，享受著生活中的愉悅，不會對過去的坎坷和磨難都一笑置之嗎？否則，現在固然可以坐享其成也可以裹足不前，但目前這樣沒有壓力、逍遙自在，等年紀大一些了，忽然感覺到還有很多東西沒有得到，還有很多夢想沒有實現，才開始去追求，恐怕已經太晚了，後悔莫及了。畢竟，少壯不努力，老大徒傷悲。但我們年輕時也不要過於疲憊，畢竟除了衣食住行之外，還有其他的需要該在乎，例如，身體要健康、思想要積極等，只有這樣，對於未來才能有所期待。

　　剛開始上班兩三年，不再是小孩子，不能再依靠父母了。這時，如果你溫飽問題很好地解決了，生存上就會沒有問題。但除此之外，你還要在保證生存的前提下，追求更大的發展。這樣固然會很累，但想想將來能過上美好的日子也就輕鬆得多了。要是現在懶懶散散，就很難談得上發展。現在你固然可以恣意輕鬆地過日子，零壓力，但如果僅僅滿足於目前的擁有，尤其是當某天發現別人已經遠遠超越了自己，才驚覺原來還有很多東西需要追求，那時候才想開步走，就算不算不會開始得太晚，也會追趕得非常疲憊。相反地，要是你現在就為未來做好打算，固然會累一些，但年紀老大時就會輕鬆多多。

📋 溫馨提示

你有必要在剛開始上班兩三年溫飽上完全沒有問題，畢竟這時候不再是小孩子了，如果連最起碼的衣食問題都解決不了，如何談得上更好地生存和發展呢？實際上，大部分人並不需要為溫飽發愁，當然也就能在保證生存的前提下去追求發展。因為，上班族不能僅僅滿足於不愁吃穿的狀態，畢竟未來日子還長得很，要是現在懶散、坐享其成，等手頭的東西——錢財和青春耗盡，才開始發愁，才想努力奮鬥，已經來不及了。俗語說：「少壯不努力，老大徒傷悲！」

5 會做飯，方便又健康

對於生活在都市裏的年輕人來說，每天上班、下班，忙忙碌碌，很少有時間去做飯。他們大部分在外面的餐館或小吃店吃一些，有時候從外面買一些。的確，我們每天忙得焦頭爛額，也只能這樣解決「食」的問題了。但我們總不能老是在外面吃飯，想想看，隨著我們年齡的增長，我們需要有一個家，有必要學會做飯、洗衣，這樣，才是一個獨立的成年人。

在剛開始上班兩三年，我們不再是學生了，不再像以往一樣可以到食堂裏吃、到小吃街吃，或是回家吃父母做的飯，這時候，我們有必要學會自己動手了。要知道，自己做飯可以提升獨立能力，而且開銷會低得多。想想，你在外面吃飯，每頓約花上臺幣近百元，在家裏做飯每頓不到幾十塊就可以吃得飽飽的。而且，在家裏做飯又乾淨又衛生，不用擔心得傳染病，因為蔬菜、米麵等都是你親手篩選的，不像在外面，同樣的一個碗他們刷了又用，用了又刷，你在家裏可以用專屬於自己的碗，不用擔心細菌等問題。

如果自己學會做飯，不但經濟方便，而且不用擔心餐館是否乾淨。當然，你自己做飯可以做得更精細，也會把鍋碗洗得乾乾淨淨，畢竟你是只須照顧好自己一人就行了，不像餐館，每天有那麼多的人去就餐，清潔上容易疏忽。特別是在結婚之後，你更需要會做飯。想想這時候不光考慮你自己一人，還有配偶，甚至還有孩子。你和你的配偶至少得有一個人會做飯，否則，孩子的吃食該怎麼解決呢？特別是在你結婚之後，就不再像單身一樣想到哪兒吃飯就到哪兒吃飯了，你的父母、岳父母可能經常會來探訪，一開始你帶他們到外面吃飯，但時間久了，就不可能一直總在外面吃了，最後的結果還是回到家裏。想想你們一家人沒有一個人會做飯，大家面面相覷，不是很尷尬嗎？

　　年輕的上班族有必要學會做飯，無論是男人還是女人，在面外吃飯總不是長久之計。

　　做飯並不是難事，學會做飯不但能使自己的生活更加方便，而且也比較衛生，不用擔心餐館或小吃店是否乾淨。

　　柳凱文大學畢業時，由於自己是單身一人，在外面吃飯，經常饑一頓飽一頓，營養不是多協調。不就他結婚了，就不能那麼隨意了。好在他的妻子會做飯，柳凱文心中懸著的一塊大石頭才算落了下來。然而，妻子有身孕後並不方便下廚，吃飯

的問題就落到了柳凱文身上。這時候,他開始煩惱了,經常從外面買好吃的東西帶回家,但這樣也不是辦法,柳凱文覺得自己有必要學會做飯。雖然一開始他做得很難吃,妻子也沒有責怪他,但柳凱文覺得應該精益求精,最後,他終於學會做一手好吃的飯菜了。

他孩子一歲左右的時候,他的爸爸媽媽、岳父岳母經常來看望孫,這時候開始在家裏招待爸爸媽媽、岳父岳母,而不必再像過去那樣,因為在餐館請客,一頓大吃大喝,將整個月的薪資花費殆盡。而且,爸爸媽媽、岳父岳母不但吃得津津有味,還對當初不會做飯總在餐館裏「浪費」的柳凱文刮目相看呢。

柳凱文學會了做飯,才減少了經濟開支,才能讓一家人在一起時其樂融融。

我們有必要會做飯,隨著年齡的增長,不能總到外面去吃了。會做飯能解決燃眉之急,不至於在想吃、無法到外面去買的時候餓肚子。

📋 溫馨提示

　　在外面吃飯，不一定保證衛生乾淨，會做飯，才能既方便又減少開支，而且想吃什麼就做什麼，不會在無法到外面去買的情況下讓自己餓著了。

6　如何看待買房子的問題

　　剛開始上班兩三年，很多人可能已經開始為成家立業做準備。這時候如果沒有房是難以成家的，更別說能立業做大事。

　　當然，買房子一事是很多年輕的上班族不敢妄想的，尤其是在物價飛漲的今天，購屋日益嚴峻。想想，我們一年到頭來儲蓄的錢不多，一套房子動輒臺幣上千萬，不知何年何月才能攢夠呢。

　　然而，我們不必為此絞盡腦汁。的確，大部分人一輩子難以買得起房子，就暫且放下這個念頭吧，很多人不是租房也過得十分愜意嗎？

　　當然，租房有其不得已處，那就是租賃到期我們很可能就得搬出。既然買不起房子，就只有租屋一途了。然而，租屋也有其益處，那就是我們可以在租賃期滿後到別處租屋。這樣，經常更換居住環境，日子一久，也能增長閱歷，讓我們適應不同的生活氛圍。

　　小葉工作兩年了，面臨著結婚的問題。在辦理結婚登記手

續之前，女方要求他購買房子。可是，對小葉來說，籌措購屋所需的巨額錢款無疑是個嚴峻挑戰，他哪裏弄來那麼多錢呢？他從父母那裏周轉了一些，又從親朋那裏好不容易借來了一些，才湊足了頭期款。

在結婚之後，小葉和妻子又面臨著房貸還款的問題。雖然小葉和妻子都有工作，扣掉衣食住行的開支，每個月還得付房貸，這樣一來，每個月的收入幾乎所剩無幾。小葉和妻子都感覺活得很累。

其實，小葉和妻子固然買了房，可是房貸還款卻會大大降低他們婚後的生活品質。兩相比較，我們是想過有房但得背負還不完的利息的生活，還是想過著輕鬆花錢無所顧忌的生活呢？

很多時候，年輕的上班族都希望父母能留給我們一棟房子，但很多人並不能順心如願。尤其是他們在外地打工，需要在外面生存、發展。在面臨著嚴峻的就業等問題時，他們對高額的房價往往望而卻步，不知道何年何月才能湊足頭期款。

有時候，年輕人想，如果能和城裏人結婚那就太好了，至少不用為買房發愁，少奮鬥幾十年。但是，你看得上城裏人，城裏人說不定看不上你，不想和你結為連理呢。尤其是出以「物質」利益動機的人，往往難以達成所願。

　　金鑫是個農村孩子，到大城市裏打拚，工作了三年仍然租著一間不足三坪的雅房。金鑫雖然也想住上好的房子，不過房價太貴，他心想一輩子可能做房奴了。後來，金鑫認識了一位本市的女孩，對金鑫很感興趣，非常欣賞金鑫。這樣，郎有情妹有意，兩個人就談起了戀愛。後來，金鑫和這個女孩結了婚，並入贅到女方家安居落戶，終於擺脫了房奴的生活。婚後金鑫對妻子說：「真感謝上天讓我遇到了你，否則的話，我可能一輩子要住在那間小屋子裏了。」妻子說：「你當初看上我是看上我們家的房子嗎？如果那樣的話是我看走了眼。」金鑫連忙解釋說：「不是，是因為我的確喜歡你，才甘願入贅過來的。」妻子聽了，露出了高興的笑容。

　　如果金鑫是為了房子才和女方結婚，婚後可能很難令女方滿意，畢竟建立在物質而非感情基礎上的婚姻難以維持長久。好在金鑫是出於真心，才不會被女方所不齒。

　　對於年輕的上班族，也許很想和一個有房的人結為連理，如果再有車有錢，那就更好不過了。但具備那樣「好條件」的人選可遇而不可求，很多時候，上班族夫二人需要共同努力，奮鬥十年、二十年才能買得起一間房子。當然，會苦在其中，但也能樂在其中。話說回來，要是單純為了房子，隨便就把自

己嫁給了一個或娶了一個有房的人，往往得不償失，婚後不見得會幸福。

我們沒有必要那麼現實，並不是只要有房就會幸福無比。很多時候，過自己想要的生活才會快樂無限。

想想，古時候有很多人並沒有房，他們閒雲野鶴，四海為家，照樣一生過得有意義。

所以，剛開始上班兩三年，趁我們還年輕，有必要多多努力，即便買不起房，也不要把自己的前程嫁給或娶了有房子的人，以免對方不是真心愛你，或者由於你貪小便宜少掉了奮鬥以後卻和配偶發生摩擦只會對你不利。另一方面，如果我們買不起房也不想找個有房子的對象結婚，我們固然需要更加努力，忍耐租房的生活，但卻能過上自己想要的人生，也未嘗不好；不過，如果一輩子都過著這種「流浪」的生活就可能不太好了。因為，上班之前，我們還很年輕，可以變換不同的地方居住；剛開始上班兩三年，我們也算年輕，搬來搬去也不是問題；但如果到老了我們都沒有一個固定的住所，恐怕會像晚年的杜甫一樣漂泊，感慨「飄飄何所似，天地一沙鷗」，對自己居無定所的生活不滿。

溫馨提示

　　年輕時我們可以四海為家，不必為買房子的問題發愁，但我們不能一輩子沒有一個固定的住所，尤其是在我們結婚或者老了之後更需要安定下來。在我們還買不起房子的時候，如果能開始考慮如何才能讓自己過上安定的生活，並為之努力，就有可能如願以償。否則，習慣了遊蕩的生活，就難以固定下來，更別說能夠成家立業。

Style 2

無論多麼忙，都要有方向

剛開始上班兩三年，你會忙得焦頭爛額，但有一句話請千萬牢記：「如果方向不對，努力就會白費。」所以，年輕的上班族有必要找對方向，以免辛辛苦苦到最後卻成了枉然。

剛開始上班兩三年，不能再盲目了

我們工作前可以沒有方向，沒有成就，但剛開始上班兩三年就不能再盲目了，尤其是在到了三十而立的時候，如果我們還是一無所成，往往會感到遺憾後悔。

謝嬌燕是個漂亮女孩，她一直想嫁個千萬富翁，那樣後半生就可以無憂無慮了，但謝嬌燕尋找了大半年都沒有找到合適的對象。然而，謝嬌燕依舊懷抱著此一幻想不死心，希望終有一天能嫁入豪門，過上錦衣玉食的生活。就這樣，時間過得很快，轉眼謝嬌燕已經是「人老珠黃」，卻仍然沒有遇到理想的伴侶，她的生活更是每下愈況，一年不如一年。

謝嬌燕雖然不是很盲目，起碼她有理想，但是那種理想卻是不切實際，不值得鼓勵效法，否則，只可能讓自己蹉跎歲月，一無所成。

任何靠別人的力量讓自己翻身的人往往會偷雞不成蝕把米，而只有腳踏實地，認真工作，才會過得充實且富有意義。

　　一位年輕人貧困潦倒，他不滿目前的生活狀況，每天到廟宇裏祈禱：「神啊，我是那麼努力，為什麼總是勞而無獲呢？你就賜我百萬錢產，讓我過上富有的生活吧！」

　　年輕人每天都在祈告上蒼，希望上天可以讓他一夜發達。終於神明忍受不住了，對他說：「你既然這麼渴望發財，為何不去自己創造財富呢？你是因為失敗了就不再相信自己了嗎？其實，只要你重拾信心，你是可以成功的。任何想不勞而獲的人都不會有好結果的。我看這樣子吧，你再去努力，找對方向，我敢保證，三年後，你一定會有百萬財產。」

　　年輕人聽了神明的話，將信將疑，但還是按照神明的話去做了。

　　三年後，年輕人並沒有百萬積蓄，可是，他的確已經成了一個富人，也深感自己當初不再盲目的榮幸了。

　　年輕人不再盲目，不再希求發達，他才會若干年後如願。否則，一味祈求上天保佑讓自己過上想要的人生，往往是癡人說夢。就算有上天，然而天下並沒有白吃的午餐，任何人想要過得更好就有必要去努力。當然，找對方向很重要，否則，方向不對，努力白費。

　　于洋二十五歲了，在一家企業公司上班，他覺得每天很累但看不到發展。時間久了，于洋就厭倦了日復一日一成不變的生活，想要到別的城市去謀取發展。

　　他的上司知道了，問于洋：「你真的不喜歡這份工作嗎？」

　　于洋說：「不是不喜歡，只是也不知道繼續做有什麼意義。」

　　上司說：「那你將來的打算呢？」

　　于洋說：「賺一筆錢，讓媽媽過上好生活，自己也可以吃好、穿好。」

　　上司說：「你覺得你這些願望遙遠嗎？」

　　于洋說：「似乎遙不可及。」

　　上司笑著說：「其實，到任何地方都一樣，如果你沒有方向勢必無所適從。好在你有明確方向，何不在公司裏實現你的這些目標與追求呢？你就每天想想：我之所以要好好工作，是為了加薪，讓將來過上好的生活。這樣，你就會幹勁十足，不再會盲目了。」

　　聽了上司的一席話，于洋如醍醐灌頂，就此打消了辭職的念頭。從此，他每天認真工作，為了獲得更多薪水。當然，由

於他的努力，最後果然達成所願。

　　于洋有了方向，他才會有努力的動機和幹勁，否則，不知道會做什麼、要做什麼，未來只會陷入一片迷茫。

　　然而，我們剛開始上班兩三年不再盲目，並不是說我們拚命地做下去就會成功。有時候，速度慢一點，一步一腳印，才會活出精彩。要知道，笨鳥也會先飛，欲速往往則不達。

　　湯鼎盛是個文藝青年，他想寫一部能夠暢銷的青春小說。可是，一篇稿子他改了又改，卻沒有任何一家出版社願意出版。後來，湯鼎盛乾脆放棄了創作的念頭，到外面打工謀取生存。但是，打工一段時間後，他總覺得那不是他想要的人生，就重拾筆桿。這時候，由於他有了人生閱歷，小說的水平也得到了提升。結果，這部小說不但得以出版，還賣出了影視版權，獲得了可觀的收入。

　　湯鼎盛一開始創作上碰壁，為了糊口只好去打工，如果他因此就放棄理想，不去做他想做的事，他只會盲目。好在湯鼎盛「回頭是岸」，才開闢了屬於自己的天空，任我翱翔。

　　有時候，我們也可能像湯鼎盛一樣渴望馬上成功，可滴水

穿石需要數十年乃至上百年的功力，只要我們不盲目，是很難有困難把你打倒的。

尤其是在我們剛開始上班兩三年，不盲目會讓我們樂在其中，且不會感覺活著沒有意義；不盲目會讓我們找對方向，人生從此開始與眾不同；不盲目會讓我們更好地梳理自己的情緒，不至於剪不斷理還亂；不盲目會讓我們有更多的時間去充實自己，生活也因此豐富多彩。

願我們找對方向，駛入成功的港灣；否則，方向不對，縱使多麼努力也往往會功夫白費。只有找對方向，才會輕鬆地和成功接軌，不走彎路或少走彎路。

📋 溫馨提示

剛開始上班兩三年，我們要找對方向，不能再盲目了，否則會浪費青春做一些無聊的事。人只有不盲目，才會看清自己要往哪裏去，才會在短時間內達成理想。我們有必要找對方向，做正確的事，這樣，之後才會輕鬆一些，到三十而立時才會有所成就。

目標要專一，
不能同時追兩隻山羊

俗話說：「凡事預則立，不預則廢。」固然要求我們有目標，但目標不宜過多。要知道，如果我們同時做著很多事情，就會顧此失彼。換句話說，目標越多，越不知道何去何從，更有甚者，到後來一個目標也完不成。

剛開始上班兩三年，我們沒有必要給自己定太多目標，想想哪些目標是不切實際的然後加以剔除。對於那些很有可能實現的目標且自己一直想要追求的，心無旁騖地追求下去，就有可能會成功。

上班族沒有必要再犯「目標眾多，到頭來卻一無所獲」的錯誤了。想想我們每個人小時候都有理想，有人想當老師，有人想當科學家……你當時一定也懷有不止一個夢想，你也為此努力著，可到剛開始上班兩三年後並不是所有的夢想都會實現，這時你才發現當年的自己多麼天真。夢想固然美好，但並不會都會美夢成真。不過，總有一個夢想你一直放不下，而讓你放不下的那個夢想就可能是你要專一追求的目標。

　　孔建昌大學畢業後來到大城市打工，他換過很多工作，每份工作都因為感興趣淺嘗輒止，結果，到二十五歲時還是一無所成。這時候，孔建昌覺得不能再過多地追求目標致使精力分散了。於是，他想想自己到底適合做什麼，在哪個行業裏發展下去才會有所成就。他想起了他的夢想是當一名教師，不過這些年來，在外奔波，做過會計，做過郵差，做過貿易，做過廣告傳媒……唯獨自己一直想要做的工作一直沒有去做。回首這些年來，孔建昌發覺，固然做了很多，卻沒有成就感。他這時才知道，人不宜目標過多，否則，一個目標也不會實現。於是，孔建昌就去應聘了教師。想當然，他成了一位教師。從此以後，孔建昌專心地教書，不再想去做其他的事情了。最終，孔建昌作育英才，培養出了一批批優秀的學生。

　　孔建昌大學畢業那一段時間目標太多，很多目標也都嘗試過，但都是淺嘗輒止，並沒有取得大的成效。只有他致力於一個目標，不分散精力，才會有所成就。

　　年輕的上班族有必要明白，不宜目標太多。目標太多，會不知道哪一個才是自己的想要。就像是獵人去山裏打獵，他看到了兩隻山羊，而他每一隻山羊都不想放過，兩隻山羊卻偏向

不同的方向奔跑。他一會兒去追這隻山羊，一會兒去追那隻山羊，結果白白瞎忙了一陣子，連一隻山羊也沒有捉到。

可見，你有必要喚醒自己，追求專一目標。上班之前，可以有許多目標，因為當時還年輕，並不知道哪個目標才是自己真正想追求的；剛開始上班兩三年，就不能繼續隨便地東追求西追求了，畢竟這時候不再像以前那麼天真，你應該去追求專一目標才會成功。

溫馨提示

你有必要在剛開始上班兩三年認清自己真正想追求的目標，目標不宜過多，以免分散注意和精力，致使一個目標也追不到。只有目光單純，確定專一目標，然後努力地追求下去，最終達致目標，實現理想，不會犯下同時追兩隻山羊連一隻山羊也追不到的錯誤。

9 大家都在忙碌的時候，
你能靜下來想一想嗎？

剛開始上班兩三年，很多人每天都忙忙碌碌的，彷彿有著永遠也做不完的工作。可是，你有沒有靜下來想一想，這是不是你想要的生活呢？

我們可能每天都被「操」得上氣不接下氣，總覺得活得很累，但這樣的話，會是我們想要的人生嗎？

尤其是我們還有諸多理想沒有實現，這更讓人覺得活著看不到未來。

其實，我們完全沒有必要像一般人那樣，非得每天上班、下班來維持生計。要知道，生存第一，但並不是只有上班才會讓我們獲得更大的發展。想想，上班族那麼多，我們何時才能從中脫穎而出呢？我們為此感到迷茫，但為了不願遊手好閒地過日子，不得不每天去上班。這樣子的話，我們何時才能過上自己想要的人生呢？

要知道，上班是在打工，固然每天忙忙碌碌，很充實，但一年，兩年，甚至五年下來，是否會獲得我們想要的結果呢？

　　尤其是在我們年齡更大的時候，我們才發現有好多以前的夢想都湮滅了。但是，在年輕的時候，我們做著什麼呢？無非是馬不停蹄地上班、下班。我們不知道未來會怎樣，只有過一日算一日。既然這樣，我們是很難達到自己想要的人生，有可能到老了都還在打工，活得很累，沒有滋味。

　　這是說，我們的人生看不到方向嗎？其實不然，每個人都會成功，關鍵是他要找到自己的方向，否則隨波逐流，人生只能平庸。

　　一個年輕人對自己的工作很是不滿，他經常抱怨每月下來都成了月光族，可是他又不知道從事什麼職業能賺更多錢。為此，他得過且過，都畢業兩三年了，還是像當初一樣存不了多少錢。

　　一次偶然的機會，這個年輕人認識了比他小一歲的男生，那個男生已經是某公司的經理，小小年紀就開辦了一家公司。這件事令這個年輕人感到納悶，問他：「你現在還在賠本吧？想想你年紀比我小，經營上一定很困難吧？」

　　這個經理笑了一笑，說：「的確有些困難，但相比前幾年已經不是虧本而是穩賺了。照這樣下去，一年下來十幾萬的贏利絕對沒問題。」

　　「十幾萬，不可能吧？我一年下來連一萬也存不到。」

經理說：「十幾萬的收入當然可能，因為我現在是老闆，和員工當然會不一樣。」

「你是怎麼想到開辦一家公司的呢？」

「我從沒有想過要一輩子打工啊，我還沒畢業時就想到了創業。」

兩個年輕人有不同的想法，他們的人生就不同。要知道，想法會決定命運，決定人生。尤其是在我們剛開始上班兩三年更不能沒有想法，更不能像平常人一樣只知道上班、加班。那樣子的話，我們固然會獲得生存上的保證，但是，和平常人毫無兩樣，我們會突出嗎？

很多人都想過著讓人人羨慕的生活，他們以為只要比別人做得多就會收穫得多。其實，努力固然重要，但想法也很關鍵。我們有沒有讓自己靜下來，仔細地想一想，如果這樣子下去，將來會如何呢？只有我們更好地認清目前的狀況，才能更好地給自己定位。

一個在職場上打拚多年的年輕人，他靜下來想一想，是否一直要靠打工維生呢？那樣，每天上班、下班，沒完沒了，固然會有固定的收入，但是，時間久了，會有好的結果嗎？不如自己當老闆，招聘員工，去開拓自己的事業。他想了很久，覺得有必要自立了，就辭別了公司，自己幹了起來。一開始，困

難重重，但他都拚命堅持下去，終於三年後，他小有成就，不必再打工，而有員工為他效力了。

這個青年人一開始打工，為別人效力，但他如果不去想想自己將來想要的人生，他可能只會這樣得過且過地過下去，三年後依舊可能要繼續受人差遣、為別人賣力。而他並沒有選擇那樣的生活，而是經過深思熟慮之後自己當起了老闆。這樣，三年後他就會輕鬆一些，當然，錢也賺得多，也有事業。

對於我們，是否還要這樣繼續下去呢？想法決定命運，想法也可以改變人生。我們有必要靜下來想一想，是否目前的生活是我們想要的，如果我們滿足於目前的話，固然會衣食無憂地生活下去，但不利於長期的發展。人有必要高瞻遠矚，深謀遠慮！

一個二十三歲的女孩在一家公司上班，待遇不錯，女孩就安穩地工作下來。可是，後來女孩和老闆意見不合，發生衝突，就離開了那家公司，她不得不重新去找新的東家。女孩不認為會遇到更好的公司，但是她遇到了。女孩做夢也沒有想到她會有更好的發展。

而要是在此之前，女孩依舊自我滿足的話，她可能永遠也不會有新的改變。

人不可能一輩子都在忙碌著同一件事情，而且說不定手頭

的工作並不十分適合我們，如果我們不去靜下心來想一想，很有可能只是打混過日子。

一個初涉社會的男生和他的女朋友在社會上打拚，為了生存，他們做起了賣菜的生意。雖然忙忙碌碌，但一年到頭並不能賺下錢。後來，男生的朋友給他介紹了另一份事業，聽說發展前程很不錯。男生思慮再三，就去到那一個行業裏發展了。很快，男生的才華得到施展，他既賺了錢又獲得了名，相比較當初賣菜而言簡直是另一番人生。現在，他和他的女朋友從事著那個頗有前程的行業，那些當初和他一樣做賣菜生意的夥伴都非常羨慕他，都情不自禁地誇讚：「當初我要是和他一樣去從事那個行業，現在也不是賣菜的小販了，為什麼他可以想到那個行業而我為什麼想不到呢？要知道，他當初和我在一起的時候並不比我強，為什麼我現在是這麼地努力比他累還沒有他過得好呢？」

這個男生選擇對了自然會迎來新的人生，那些當初和他在一起卻不求更上層樓的人只有羨慕的份。

有個人想要改變家族的命運，就拚命地學習知識。鄰居們都輕視他的願望，認為他是癡人說夢，但當他衣錦還鄉時，那些當初瞧不起他的人只能對他翹起大拇指。

　　「為什麼幸運的人兒不是我呢？」我們這時就會有這種感慨。「為什麼他會有光彩而我卻沒有呢？」我們也會為此憤憤不平。但要知道，他並不是天生就比別人條件優越，而是他經過認真的思考找到了理想，才能有一天鶴立雞群，超然人上。

　　要知道，「吃得苦中苦，方為人上人」，那些讓人羨慕或崇拜的人，他們都是和常人不同的，都是固執於某個理想，才能終於如願以償。「十年寒窗苦」、「臥薪嚐膽」……這些之所以會有更好的結局是因為他們的想法不同。

溫馨提示

　　趁我們還年輕，有必要多想一想了，不能別人做什麼自己也跟著做什麼，這樣，沒有自己的觀念，很有可能會平庸。而只有深思熟慮找到自己的方向才不會迷茫。當然，有了固定的方向，就能少掉一些沒有必要的奔波，就能早一日達到成功，而且有可能是左右逢源、水到渠成。

10 方向不對，
努力了不一定會有回報

年輕人都知道「南轅北轍」的故事，在現實生活中，你是否也曾犯下同樣的錯誤呢？如果方向不對就難以達到目標。

想想，我們固然很努力，而如果我們想要去的地方在南方我們偏偏往北方走，何時才能到達自己的目的地呢？當然，有人說地球是圓的，繞地球一圈就到達那個地方了。說得不錯，但誰有那個時間和精力繞此一周呢？

我們沒有必要犯下「南轅北轍」的錯誤，方向不對，就算努力了也不一定會有回報。

黃國倫想寫一本能夠暢銷的書，可是，他並沒有策劃經驗，也不熟悉市場，就按照自己想要寫的寫了起來。他以為會很搶手，結果，他固然很努力花費了一年才寫了一本書，可是，沒有出版社願意出資印刷，黃國倫為此叫苦不迭。

黃國倫沒有認清的方向，單憑自己的主觀臆斷，即便很努力，到後來也是功夫白費。

我們沒有必要把時間浪費在那些不值得做的事情上，畢竟

人的精力有限，而在做一些事情之前，要認清方向，要預測將要發生的結果，否則，不加思索地埋頭就做，固然很努力，往往不會成功。

馬永波是個年輕的攝影愛好者，他決定上山上去找景點拍攝。他想拍攝春天裏來到河邊喝水的白鷺，可是，他不去白鷺出沒的地方，而隨便地找到了一條河流待下來，結果，他固然等得很辛苦，但並沒能遇上白鷺。

馬永波不去白鷺出沒的地方，他就不會見到白鷺，這一點任何人都清楚明白。就像是「刻舟求劍」，不去劍掉下去的地方尋找，反而在船舷上標有記號的地方尋找，方向不對，永遠也找不到劍。

年輕人有必要認清方向，剛開始上班兩三年，就不能再犯迷糊了。方向不對，縱使你多麼努力，也難以得到回報。我們有必要認清方向，不能在方向不準確的情況下，就錯誤地認為，只要努力了就會有回報。其實，你固然很努力，也累得精疲力盡，但方向不對，像「揠苗助長」一樣只會於事無補，反而會起到反作用。

我們沒有必要憑自己的主觀臆想去做事，在做事之前，要明白，努力了就能達到自己的想要。否則，對未來模糊不清，恐怕會努力了也不會有回報。

　　所以，我們努力時要有方向，這樣才能讓事情按照想像的方向發展，否則，沒有方向或方向不對，縱使你多麼努力，也往往會功夫白費。

📋 溫馨提示

　　年輕的上班族不要犯下「南轅北轍」、「刻舟求劍」的錯誤，以免努力了卻適得其反。剛開始上班兩三年不明白這些，就會多做無用功，也往往會功夫白費，只有在做事之前，認清方向確切無誤再做下去，才能避免出差錯，慢慢地和成功接軌。

11 渴望得到幫助，卻孤立無援

　　一個人在外拚搏，往往會感覺到力不從心。這時候，我們想如果有個人可以幫助我們一把多好，那麼，我們就可以少走彎路，或者少去幾年，甚至幾十年的奮鬥。但是，別人幫助我們的總是有其局限，到頭來還是靠自己個人奮鬥比較實際。

　　如果遇不到賞識我們的伯樂，孤立無援，我們是否感覺到活著很累呢？的確，我們會每天都費心勞神，每天都精疲力盡。

　　有時，一個人躺在床上，翻來覆去睡不著，心想：「為什麼沒有一個人可以幫助我們一把呢？為什麼要活得這麼累？」但即便我們幻想著得到別人的提攜，可以少努力、少奮鬥，幻想完了還是得要工作下去，每天忙忙碌碌。

　　其實，固然有可能會遇到貴人，但可遇不可求，做好自己就是最好不過了。

　　余興華在社會上打拚幾年後，覺得懷才不遇，沒有幹勁，很想找一個賞識自己的老闆，讓自己事業上獲得更大的發展。

經過堅忍不拔的努力後，終於得到了一家公司老闆的看重。他承諾給予優厚的待遇，並答應讓余興華有施展的空間，可以獨當一面，功成名就。余興華以為遇到了伯樂，如獲新生。

在新公司一開始的一段時間裏，老闆如所承諾付給了余興華很高的薪資。余興華也樂在其中，覺得未來可以過上更好的生活。

但天下沒有白吃的午餐，老闆後來交給了余興華一些任務，余興華都沒能做出讓老闆滿意的好業績。老闆覺得他當初選錯了人才，漸漸地和余興華之間有了嫌隙。

這樣，又過了幾個月，老闆對他說：「我看，咱們之間的合作出現了問題，不如就此結束吧！」

余興華說：「我每天都很努力啊。不過你的要求也太高了，誰能那麼超負荷地工作呢？再說了，我比公司裏的其他員工更加倍努力，但薪水也只不過比他們多一些些罷了。」

老闆說：「算了吧，我開一家公司也不容易。的確，你很優秀，不過，給你的報酬還是高了一點，你能不能要求少一點？」

余興華聽了這話，如被潑了一盆冷水，後來在「不堪重壓」的情況下，不得不離開了公司，另謀高就。

余興華希望得到別人的幫助，讓自己事業上突飛猛進，但沒有人會無緣無故地幫助他的。如果他不能為別人創造價值，別人也只能袖手旁觀了。

不過，有些人會問，為什麼有人可以遇到伯樂，自己卻遇不到呢？人只有遇到伯樂，事業才能突飛猛進。實際上，各行各業中的精英並不是靠自己一個人單打獨鬥成功的，很多時候是有別人的幫助，才能扶搖直上。

的確，有些人曾經得到別人無私的幫助，但畢竟是少數，在我們沒有遇到別人的賞識之前，就有必要做好自己了。然而，不能一心只想得到別人的幫助，以免黃粱一夢到後來成了泡影。

當然，有別人幫助我們那是很榮幸的，起碼可以不費吹灰之力就能達到某種成就。但這樣的美夢很難成真，很多時候，我們得靠自己打拚，一步一步走向成功。

所以，有別人幫助我們固然是好，我們也很難一個人取得成功，但別人都愛莫能助的時候，我們只有靠自己了。那時候，即便孤立無援，也要泰然地走下去，很少有人會陪你到最後，只有自己努力得來的果實才會真正屬於自己。

溫馨提示

　　有時候我們夢想，如果某個人可以幫助我們一把，我們就可以少掉幾年甚至幾十年的努力，但往往我們這些奢求會成為夢幻泡影。很多時候，我們會感覺到孤立無援，而我們不得不走下去，這樣，才會堅強，才會勇敢。當然，如果遇到了賞識我們的人那是值得慶幸的，不過，也不要把所有的希望都寄託於外力幫助，以免哪天別人不想再幫助你了，以致灰心絕望。

放得下過去，看得遠未來

　　人最難得的是放下，尤其是在剛開始上班兩三年，我們努力地付出往往是為了得到。可是，有時縱使我們是多麼地努力，到後來卻是竹籃子打水一場空，讓自己白白折騰。面對這種情況，我們該怎麼辦呢？是繼續堅持下去還是就此放棄？此時，你已累得精疲力盡，如果就這麼「半途而廢」的話，前面的功夫不是徒然白費？但要知道，如果我們努力地想要的那個東西並不屬於我們，就有必要調轉方向了，執迷不悟反而結果更糟。

　　只有放下不屬於自己的，開始新的，才有可能早一日步入正軌。

　　有個農民，他從小很喜歡寫作，不過，他沒有讀過大學，成家後還不忘對寫作的追求。然而，他寫的幾十篇稿子都沒有得到出版社的採用。

　　他的妻子對他說：「放下吧，寫作並不適合你。」

他說：「我非常喜歡創作，我也堅持十幾年了，怎麼能輕易就放棄呢？」

妻子說：「寫作並不能當飯吃，你看看，寫了這麼多年，哪一次拿到稿費了？況且你這麼年輕，還沒有足夠豐富的人生閱歷，哪裏能寫得出曠世名著？不如放下吧，好好地過日子。」

他說：「我不甘心只做個農夫，我要通過寫作改變自己的命運。」

妻子說：「你的想法固然是好，但目前家裏連米也沒錢買了，怎麼還能夠讓你衣食無憂地去創造呢？放下吧，說不定你並不適合創作。」

農民沒有辦法，只好暫且擱下創作的念頭。

後來，農民接到了他曾經投稿的一家出版社的電話，編輯告訴他，他的文筆不怎麼樣，不過從他的稿子中可以看出他很熱愛生活，如果他再多多地去體驗生活，說不定能寫出更好的作品。

農民大受鼓舞，決定開始更深入地去體驗生活。他種植了一片菜園，解決了家裏的溫飽問題。而當他三十多歲的時候，他又想起了寫作。這時候，他情感豐富、文如泉湧，不再像幾年前寫出的文章那樣乾澀乏味了。

農民一開始並不願意放下，但他那麼努力卻始終不見回報，尤其是家裏快吃不上飯了，在妻子的一再勸說下他才放下了。

而農民放下了就可以一身輕鬆地投入到生活當中，讓家裏富裕起來。當然，若干年後，他有了那種人生閱歷，再想寫作就不是困難的事了。

基於此，年輕的上班族有必要明白，如果一件事情一直不見效，並不是說我們不努力，有時候方向不對即便努力也不會有益處。我們有必要明白是不是該放下了，只有放下過去的負擔，才有可能去迎接將來美好的生活。

有個女孩喜歡上了她同學的一個朋友，但那個男生對她不來電，因為那個男生早已有了女朋友。這個女孩追求了很久，都不願意放下，每天都過得不快樂。女孩認為，即便此時此刻遭到男生的拒絕，但如果她現在就放棄了，所有的努力都會付諸東流水，而且一旦她錯過這個男生就不會遇到更好的了。但是，男生後來還是和他的女朋友結婚了。女孩傷心極了，沒想到喜歡對方那麼多年，伊人最終卻是成了別人的丈夫。於是，女孩天天以淚洗面。可是，女孩也是個聰明人，她知道夢中情

人再也不可能成為自己的丈夫了，於是決心放下這段感情。她強忍著滿心悲苦去面對生活。由於女孩漸漸地放下了過去，她發現公司裏有個一直喜歡著她的同事也不錯。而且女孩細心觀察後發現，他帥氣、家裏有錢、知道疼人。女孩覺得這些年真是讓同學的那個朋友給耽誤了，自己早應該開始新的一段感情了。在公司裏這個男同事的追求下，女孩最終和他步入禮堂結了婚。婚後女孩很幸福，因為這個男同事一直就很喜歡她，也默默地暗戀著女孩好多年了，在娶了女孩之後，當然會更真摯地對她好啦。

女孩放下了那個她一直喜歡多年卻和別人結婚的人，她才會遇到幸福。否則，她追求的那個人已經是別人的丈夫了，她再苦苦地糾纏下去還會有什麼結果呢？

這裏，不禁想起電影《那些年，我們一起追的女孩》裏的情景：柯景騰從讀國中時就一直暗戀著班裏最優秀的女生沈佳宜，但是，八年暗戀卻沒能修成正果，沈佳宜最終成了別人的妻子，他只有忍著淚、含著痛，放棄了那一段感情。

其實，我們也要勇於放下過去，即便我們付出了很多心力，如果我們不放下是不會有結果的。特別是在我們一直心存

著的那個希望變成絕望時，我們不得不選擇放棄。因為，我們這時知道再堅持下去終是徒勞無功。

我們只會哭泣，埋怨自己，然而，到最後並不知該怨誰，也並不一定是自己的錯誤，可是，事已至此，只有放下了。

放下了才會更好地面對未來，說不定我們放下了現在和過去，在未來不用自己苦苦追求就有可能屬於自己的幸福。

關鍵是並非只要我們努力了就會得到，有時候方向不對反而會沒有益處，只有放下過去，才會看得遠未來。

溫馨提示

有時候我們固然很努力，也一直希望得到，但是我們付出了並不一定會有回報，尤其是到最後我們想要的、追求的成了別人的，我們會痛不欲生，只有選擇放下了。放下，才會有新的開始；放下過去，才會看得遠未來。當然，並不是任何東西都需要我們放下，有時候再堅持一步就有可能成功，關鍵是我們要認清，以免苦苦地努力了、付出了到最後卻沒有結果。

上班二三年開始減壓過生活

Style 3
愛情是個什麼，無非是一種信仰

愛情是個什麼，讓很多年輕人摸不明白。其實，愛是一種信仰，不可強求，但有必要去追求，以免與愛擦肩而過。

13 　單身不是過，戀愛不是錯

　　最近，王兆禹被他的媽媽數落得暈頭轉向。

　　他的媽媽說：「兆禹啊，你都這麼大了，該娶個老婆了，難道想氣死你爸爸媽媽不成！」

　　王兆禹聽完，腦袋快要炸裂了，但還是按捺住衝動，耐心地對媽媽說：「我不想結婚，我喜歡單身。」

　　媽媽說：「喜歡單身？你看看你，都快要三十歲了，連個對象也沒有？當初媽媽像你這麼大時，你都已經是個一歲大的孩子了。現在你倒好，喜歡單身？你再看看你的堂弟黃建國，他才二十四歲，二歲半的兒子就滿屋子跑……你簡直氣死我了。」說完，媽媽「撲哧」一下坐在沙發上，一副氣哼哼的樣子。

　　王兆禹也很生氣，可是，他喜歡單身，面對媽媽的牢騷，他只有左耳進右耳出。

　　王兆禹喜歡單身，有錯嗎？在常人眼裏他可能大錯特錯，不過，有些人因為壓力很大或者沒有遇到合適的對象不願意

結婚。要知道，結婚需要有車、有房，結婚後就要還車貸、房貸，而且養一個孩子花費不貲，想想精神都要崩潰了。於是，有些人果斷地選擇單身。

單身並沒有錯，並不是單身的人都不會有好的發展。相反，單身壓力會少一點，單身者中也有很多是大人物：例如「精神戀愛」的鼻祖柏拉圖，八十一歲的時候才結婚，而且在結婚當天就溘然長逝；又如英國的科學家牛頓，他則是孤獨地走完了自己偉大的一生；還有法國近代思想家伏爾泰、英國作家簡・奧斯丁等人也都是單身。單身的人很多，單身也不一定完全是他們的過錯。

諸如道教修行者、佛教修行者，以及一些著名宦官，還有眾多演藝界的明星，算一算，單身的人真不少。他們並不是渴望自己單身，只是由於職業等因素，單身有利於他們的長遠前途。

然而，很多人並不是不想結婚，想想七情六欲人皆有之，連畫眉鳥都要枝頭追逐嬉戲，水中的鴛鴦也形影不離，當你看到禽獸們都成雙成對的時候，不會觸景生情嗎？是否想有個人和你一起告別單身呢？

告別單身很容易，但要找到合適的對象就不容易了。想想，我們可以和一些人戀愛，但最終走到一起的卻只有一個。

　　我們要相信那一種緣分，愛情是一種信仰，緣分可遇不可求。

　　臺灣流行男歌手林志炫在〈單身情歌〉裏唱到：「找一個最愛的、深愛的、想愛的、親愛的人來告別單身。」可是，這個人卻難找。誰能最終牽起我們的手，和我們步入婚姻的殿堂，慢慢變老？

　　於是，我們尋覓著，總以為第一個人就是和我們至死不渝的愛人。但當被愛傷害之後，就開始否定真愛了，尤其是接二連三地受到傷害，更不敢對愛有所奢望了。

　　這時候，我們習慣了單身，也不敢去愛。但這樣的日子不會一直持續下去，忽然有一天，有個人讓我們眼前一亮，我們又覺得愛情來敲門了，又開始了戀愛。

　　不止一次，我們躺在床上，翻來覆去地睡不著，苦苦地思索著，這個和我們相戀的人是否會是我們的終身伴侶呢？是否到後來還是以分手告終？

　　我們也許滿心相信，緣起緣滅，聚散離合，不可強求。但在你心深處也可能會有這樣一種信念：在世界的某個角落，有個人正在為你守候，終有一天會遇到他，發展出一段屬於你倆的轟轟烈烈的愛情。

或許那個人永遠也不會出現，或許現在和自己戀愛的就是命裏註定的那個人。直到有一天，有個人的確對我們很好，能禁得起重重考驗，我們才會最終幸福。

可是，那個人很難會遇到。我們要相信這種緣分，找到一個和自己深愛的、相愛的人來告別單身。

單身並不是過錯，因為沒有找到合適的對象，或者迫於現實沒有條件去戀愛，但一旦有個人和我們相濡以沫，我們就要珍惜彼此之間的緣分，以免和對方擦肩而過成為了陌生人，讓自己再一次地單身。

溫馨提示

單身不是罪，戀愛也不算錯。剛開始上班兩三年，我們有必要想清楚這些，以免草率地結婚，婚後發現不合適鬧彆扭、離婚。其實，只有找到合適的對象才會幸福，強求反而會沒有好結果。

14 是否有個人讓你終生難以忘記？

　　愛情是一種難以讓人割捨的痛，在上班之前，我們可能愛過也可能傷過，然而，總有一些人讓人無法忘卻，他可能是最愛我們的人也可能是我們最愛的人。

　　我們常常會不禁懸念，他現在過得還好嗎？是否長高了、變胖了？然而，伊人身影已經逐漸模糊，我們可能再也見不到他了。

　　如果對他愛得深沉，也許常常別人的一個動作、一個眼神，都有可能又勾起我們對他的回憶，然而，往事只能追味，有的人、有的事錯過了就不能再重來。

　　我們可能時常地會想起那個人，不知為什麼就是忘不了他。可能我們曾經很相愛，才終生難以忘記。但要知道，如果一段事已成過去，那個人並不需要讓我們終生牢記，尤其是我們曾經愛過、傷過。

　　這時候就有必要放棄那段感情，只有眼下和將來才是最為重要。放下那個讓你難以忘懷的人，你會有更好的心情過好接

下來的人生，不至於整日鬱鬱寡歡，才下眉頭，卻上心頭。

　　有一位女孩和一位男孩相戀了，但是後來男孩離開了女孩再也沒有回來。每每面對浩瀚的夜空，女孩心中就是一陣陣思念和痛。她不明白，為什麼會忘不了他。為此，她茶也不思，飯也不想，消瘦了很多。

　　她的一個朋友非常擔心，對她說：「何必要這麼折磨自己呢？」

　　女孩說：「我忘不了他。」

　　朋友說：「你是那麼愛他，當然難以忘記他。但要知道，你對他愛得刻骨銘心，他卻不懂珍惜是，何必要讓那樣的人折磨自己呢？你過得不好他不會嘆息，你過得好他也不會在乎，既然這樣，何必讓他影響自己的喜怒哀樂呢？」

　　「可是，」女孩說，「我始終忘不了他，不知為什麼，就是難以放棄那段感情。」

　　朋友說：「你不放棄你會活得很痛苦，而只有你放棄，你才會迎來美好的人生。想想，你才剛工作幾年，如果就這麼在愛情裏絆倒爬不起來了，你豈不是一生都要受此牽連，我們有必要這麼對不住自己嗎？」

　　朋友又說了一些開導的話，女孩漸漸地覺得心裏好過許

多。後來，在朋友的一再鼓勵與勸說下，女孩不再時刻想著那個讓他難以忘懷的人。她覺得心裏豁然了起來，也發現有人喜歡她了。不久，在別人的追求下，女孩開始了新的愛情生活。

女孩一開始沉浸在對某個人的追憶裏欲罷不能，她就不會看到美好的將來，更別提能迎來新的感情。好在女孩懂得了放棄，放棄了那個苦苦羈絆她的人，她才能夠快樂起來。

我們正值風華正茂的時候，愛情固然是一部分，但不要讓它糾結一生。尤其是有個人一直讓我們苦苦難以放下，而只有放下，才會走得坦然。

要知道，未來還會有新的感情，關鍵是不要被眼下不如意的感情葬送了前程。

📋 溫馨提示

有的時候，固然某個人讓我們難以忘記，我們說話、睡覺的時候都可能想著他，但如果那段感情無法挽回，而他和我們已不再可能，就有必要放棄了。只有放棄才會有新生，而要是放棄不了，只會剪不斷理還亂，鬱結不樂。

15　如果不愛他就和他保持距離

　　有一個女孩深愛著一個男孩，可是，男孩並不喜歡女孩，不過，由於男孩心地善良捨不得拒絕女孩讓女孩傷心，因此始終與她若即若離。這樣，女孩一直以為會贏得男孩的愛慕，就默默地追求著。

　　由於男孩很優秀，也不乏追求者，可是男孩始終是一個人，女孩不明白，可又不知道怎麼問男孩。經打聽，男孩之所以單身，是因為現在不想有女朋友也不想結婚。女孩猜想她成功的機率一定很大，就不斷地製造機會和男孩親近。而無論她想怎麼贏得男孩的傾心，男孩始終難以對她投來愛慕的目光。

　　女孩沒有死心，她想如果自己足夠優秀男孩就會喜歡她了。於是，她一邊打扮自己一邊努力地工作賺錢錢。可是無論她付出多少男孩始終沒有動心。

　　女孩不認為自己真的無法讓男孩心動，仍然不斷地追求著。終於男孩意亂心煩了，對她說：「我並不喜歡你，請你放棄吧。」女孩頓時杵在了那裏，眼淚像斷了線的珍珠滾落了下來。

過了好長一段時間，女孩問男孩：「你不會一直單身吧？」

男孩說：「我單身還是不單身和你有什麼關係呢？」

女孩如被潑了一盆冷水，但仍然不灰心，接著問：「你不會是不喜歡女孩吧？」

男孩一聽氣急了，對女孩說：「我喜不喜歡女孩和你沒有關係，請你以後不要打擾我。我之所以以前沒有拒絕你，是因為我不忍心傷害你，可是到現在我不得不說出拒絕你的話了，以免讓你認為還有可能，存有僥倖的心理。對不起，請你好自為之，不要再叨擾我了。」女孩愣在那裏，不知說什麼好。

這時，女孩的一些同事路過了，在背後議論紛紛。「她家世不好，想做灰姑娘，烏鴉想飛上枝頭！」「男孩那麼出色，比她會賺錢，比她好看，怎麼能喜歡上她呢？」……女孩聽著聽著，又一次淚水模糊了視線。

從此，女孩不再去追男孩而活得不自在，男孩因為和女孩保持了距離反而感覺到了放鬆。

其實，如果那個人不喜歡你，就沒有必要刻意地去追求。要知道，強扭的瓜不甜，即便我們為對方無怨無悔地付出，對方也不一定會感動。而只有放棄這一段感情，才會有新生。

不過，有的人就奇怪了：「為什麼喜歡的人不出現，出現

的人自己不喜歡呢？」的確，緣分妙不可言。誰也不知道世界七十多億人口中誰和誰會成為伴侶。既然這樣，上班族就沒有必要渴求非得要和某個人在一起，否則，他不喜歡你，只會讓你難堪。

對於故事中的男孩，他的做法是明智的，因為他不喜歡女孩，就應該直接拒絕女孩，以免讓女孩認為還有機會。

其實，喜不喜歡誰也難以勉強。如果對方喜歡你你不喜歡他，就有必要拒絕，和他之間保持距離，否則，會剪不斷理還亂，鬱結不清；如果你喜歡對方對方不喜歡你，就沒有必要刻意地追求了，祝福他幸福，你也會感到安慰。

有一位女生一直暗戀著某位男生，可是那位男生偏偏是別人的男朋友。她不知道那位男生是否喜歡自己，卻時常忍不住要多看他一眼。女生多麼希望和男生在一起啊！然而，她還是沒能勇敢地表達出自己的愛，畢竟男生已經有了另外的女生相伴，她只好眼淚啪嗒地祝福著他幸福。

女生喜歡著男生而男生並一定喜歡著她，為了不破壞他和別人之間的感情，女生只好犧牲自己，默默地希望著他幸福。

這裏，有人說，女生不夠勇敢，何不表達出自己的愛呢？但要知道，男生已經是別人的男朋友，如果女生非得要搶奪的

話，豈不是介入別人之間的第三者讓人所不齒？

　　對於我們，剛開始上班兩三年，可能一直愛著某個人，可對方偏偏不喜歡我們，這時，強行和他結為連理是不可能的，有必要讓步，只有讓步，心裏才會豁然輕鬆，也不會阻礙他的發展。而同時，有某個人一直愛著我們，我們卻不喜歡他，這時候，就有必要和他保持距離了，以免讓他認為還有可能。

　　剛開始上班兩三年，我們有必要善待自己的感情。如果不愛他就要和他保持距離，以便讓他找到更好的感情。

　　他是那麼地喜歡著你，深愛著你，如果你不喜歡他可以拒絕他，但這只能讓他傷一次，否則，仍和他之間保持著曖昧的關係，到後來再和他一刀兩斷，他往往會非常痛恨你這個人。為了你他是那麼無悔地付出，你卻是這麼地無情，他有可能會由愛生恨，你們之間將會不歡而散。

　　所以，剛開始上班兩三年，我們可以拒絕不喜歡的人，但這只會讓他受傷一次，而要是讓他心存僥倖心理，會由愛生恨。只有快刀斬亂麻，才會切斷有緣無分的情愫。否則，含糊其詞，讓你們之間的關係沒完沒了，只會糾纏不清。

📄 溫馨提示

很多時候，我們喜歡對方對方不喜歡我們，我們不喜歡對方對方卻喜歡我們。這時候，就有必要和對方之間保持距離，這既是對你自己負責也是對他負責，否則，思緒會亂如麻難以清理，你們之間的愛恨情仇也糾纏不清。

16　新娘結婚了新郎不是他

　　曾幾何時，我們認為和以前的戀人能夠相攜到老，然而到最後卻沒有在一起。不是一方已婚，就是另一方背叛，這對愛情的不忠貞，我們只有流著淚讓事情慢慢地過去。到底怨誰呢？我們也不可折磨自己，天天意氣消沉，不知道這段緣分會走到盡頭，直到有一天我們知道和他不再有可能了，才幡然醒悟，有些事不能強求，順其自然反而更好。

　　就這樣，隨著歲月的推移，我們慢慢地淡忘了曾經的那個戀人。但當某一天聽到他的消息或他的相關狀況時，我們不禁會黯然神傷，往事又重回心頭，然而我們只是苦苦一笑，勉強自己隨緣放下吧。

　　或許上班族的你永遠忘不掉那個戀人，生命中總有一兩個人會讓我們終身難忘。然而，事情已經過去那麼多年了，對方已經是別人的配偶，我們只好忍著淚，含著辛酸，斬斷思念。

　　為什麼曾經相戀的兩個人最終不能走到一起？是真的緣分盡了嗎，還是有其他的原因？想著想著我們就會睏倦，可能

夢裏還會遇到那個人。那時的日子多麼美好，兩小無猜，只相信最終會成為伴侶；那時候的日子多麼令人嚮往，雪花兒滿天飛，小鳥兒嘰嘰喳喳，我們許下了永不分離的愛的諾言。可能睡夢中還會笑一笑，然而，當醒來的時候，才知道是老天給自己開了一個玩笑。這時候不知該怨恨對方還是該怨恨自己。

葉子軒和蔣婷婷從國中時就相互愛戀，直到大學畢業後還是形影不離。他們共同來到了彰化打工，也經營著將來美好的生活。

可是，當蔣婷婷問葉子軒：「咱們什麼時候結婚？」

葉子軒總說：「再過一段時間吧，我現在忙。」

過了一段時間，蔣婷婷又問葉子軒：「我們已經相戀七年了，該不該結婚了？」

葉子軒說：「我當然會娶你了，不過，我們目前還要衝事業啊，等我賺了大錢再娶你好不好？」蔣婷婷默默地不說話。

又過了一段時間，蔣婷婷再問葉子軒：「我們還是先結婚吧？結婚後再處理其他的事情！」

葉子軒說：「結婚後壓力會很大，而且有了孩子之後生活更忙亂，現在我們多麼好，無憂無慮，日子也過得愜意。」

「可是，」蔣婷婷說，「女人的幸福不能等啊！男人可以顧著事業，我們女人最在乎的是婚姻、家庭，你要讓我等到什

麼時候啊？」

　　葉子軒說：「起碼得三十歲吧，那時候我就小有成就，可以給你想要的生活。」

　　蔣婷婷說：「到那時我已經老了，而你有錢了，還會娶我嗎？」

　　葉子軒說：「怎麼會老呢？你這麼年輕、漂亮，我只愛你一個人。」「可是，我要老了呢？」「別提那些不著邊際的話，明天還得工作，睡覺吧！」說完，葉子軒轉身背向蔣婷婷。

　　蔣婷婷覺得這些年來葉子軒越來越不在乎她了，他在乎的是事業。每天精疲力盡地回到家裏之後不再給她驚喜，蔣婷婷不知道這樣的婚姻是否有好的結局，況且他們還沒有登記結婚。

　　蔣婷婷好幾日都思緒翻騰著，她覺得有必要嚴肅地處理這段感情了，就對葉子軒說：「咱們結婚吧，不能再等了。」

　　葉子軒說：「著急什麼？你沒有看到我每天很累嗎？哪裏有時間顧得上結婚？」

　　蔣婷婷聽了，心涼透了，然後，她強忍著眼淚，對葉子軒說：「我要回家一趟。」

　　葉子軒問：「有什麼事？」

蔣婷婷說：「急事。」

葉子軒說：「你回去吧，路上小心。」

蔣婷婷懷著支離破碎的心來到了車站，而這次葉子軒沒有送她，只是在她上車的那一刻，葉子軒打來了電話，叮嚀她路上一定要注意安全，有不開心的事馬上向他彙報。蔣婷婷聽著聽著，淚流了下來。她不知道這一去是否應該，然而，她還是放下了手頭的電話，踏上了遠去的列車。

好幾日都沒有接到蔣婷婷的電話，葉子軒非常著急，一再撥電話過去，對方卻是關機狀態。葉子軒心裡納悶，不知道到底是怎麼一回事。懷著焦慮和猜疑的心情，葉子軒覺得有必要去蔣婷婷的家裏看一下。於是，他在百忙之中請了假。

然而，當他到了蔣婷婷的家裏時，他卻驚呆了，不知是誰要結婚了。經打聽才知道是蔣婷婷的婚禮，他頓時如五雷轟頂，眼前一陣眩暈，差一點倒了下去。

然而，他還是振作起來，找到蔣婷婷，問：「你為什麼不等我？」

看到眼淚潸潸的葉子軒，蔣婷婷耐心地說：「你只顧你的事業，哪裏顧得上娶我呢？女人的婚姻不能等，我等了你那麼多年，你還是只想著事業，我徹底對你絕望了。」

葉子軒說：「如果你有不滿對我說啊，為什麼偏偏要背著

我和別人結婚呢？你可知道我的心裏只有你。」

蔣婷婷苦笑著說：「我的不滿你會聽嗎？我也不止三番五次地給你說了，但你都置若罔聞。你還是回去吧，我已經是有丈夫的人了。」

「可是，你怎麼這麼絕情？我不相信這七年的愛戀就抵不過你幾天的婚姻？」

蔣婷婷不說話，含著淚。葉子軒也沒有辦法了，眼看蔣婷婷的丈夫就要過來了，只好離開了。

回到彰化後，葉子軒的心裏久久不能平靜，想想這七年愛戀的點點滴滴，他想笑卻笑不出聲，想哭卻哭不出來。他不知道該埋怨自己太自私還是蔣婷婷不知道等待，為此，他整個人垮了下去，飯也不吃，茶也不香，也不去上班了。他的老闆知道了，並沒有來安慰他，只是打電話說：「快來上班啊，再不來上班就要把你炒魷魚了。」葉子軒覺得自己簡直要崩潰了，為什麼這時候老闆還不能理解他呢？想著想著，「哇」的一聲痛哭了起來。

後來，葉子軒的情緒雖然得到了緩和，但他還是忘不了蔣婷婷。每每面對著皎潔的月光，他就思緒萬千，翻來覆去怎麼也睡不著，想著：到底這是誰的過錯呢？葉子軒又抬頭望望窗外的月亮，月亮也不懂人間的情，只是默然地不說話，葉子軒

傷心極了。既然這段感情已經成為了過去，只有放下，心中默默地祝福蔣婷婷幸福。

葉子軒因為工作上的壓力不肯和蔣婷婷結婚，但是在他不知情的情況下蔣婷婷已經是別人的新娘，雖然蔣婷婷曾經三番五次地要求他結婚，他都認為是兒戲，現在蔣婷婷成了別人的新娘，一切也挽回不了了。

基於此，年輕的上班族有必要明白，即便事業上忙得焦頭爛額，也不能完全不顧愛情。

愛情是一種信仰，抓不住就會轉瞬即逝。

當然，上班族千萬不要因為自私等因素而葬送了自己的愛情。想想看，好不容易相戀了那麼多年，最後卻以分手告終，誰能受得了？而如果提前和戀人結婚就不會有這種糟糕的情況了。關鍵是一旦結婚後生活上的壓力會更大，這時候我們就會找各種理由推託不結婚。然而，歲月一日日過去，姑娘慢慢變成老娘，直到某一天姑娘成了別人的新娘，我們才大夢初醒，可是一切已經來不及了。

我們開始後悔，整天鬱鬱寡歡，然而能怪誰呢？固然有擔心的理由而遲遲不肯結婚，但姑娘也有她的苦衷啊，就這樣，歲月慢慢地過去，我們和她永遠不再可能，最後的結果只是祝她幸福。

　　所以，新娘結婚了最好讓新郎是你，不然愛戀了這麼多年卻以悲劇告終，縱使有一缸子的眼淚也不夠用。雖然，男人不應該哭，可是，新娘已經成了別人的新娘，能怎麼辦呢？誰叫自己當初只顧著事業那麼自私呢？然而很早地就結婚的話，壓力會更大。這時候，你會很為難，也很遺憾，但事情已經過去了，只好祝福那個人幸福了。

📋 溫馨提示

　　兩個人相戀最怕的結果就是，新娘結婚了，新郎卻是別人，這時候縱有幾缸子的淚水也不夠哭。然而，哭夠了還得要面對接下來的日子，誰叫自己當初不顧著新娘的感受呢，可是事情已經過去了，只有隨緣了，一方面祝福著那個人幸福，一方面自己也要好好地活下去。

17 失戀很正常，誰會陪你到最後？

　　剛開始上班兩三年的年輕人，可能還沒有結婚，而在他們沒有結婚之前難免要談戀愛。

　　對於希望得到愛情的年輕人來說，固然有的人會贏得圓滿的婚姻，但也有一些人接二連三地失戀。

　　對於那些失戀的人，該怎麼樣正確地對待自己呢？

　　其實，失戀很正常，我們沒有必要過度在乎。世界上有七十多億人口，誰也不知道誰將是誰的終生伴侶，就算我們有可能和現在的戀人愛得死去活來，在婚姻自由的情況下，他並不一定會陪伴我們到最後。於是，有的人和我們相戀了，然後相愛了，到最後卻又分開了。

　　我們可能和很多人有一段感情，然而到最後卻只有一個人值得我們守候終生。我們要抓住那個值得我們去愛的人，否則一旦錯過了就錯過了。

　　李素娟和吳達時相戀了，一開始，兩情人卿卿我我，耳鬢

廝磨，甚是讓別人羨慕。李素娟也沉浸在愛情的甜蜜之中。但是後來，吳達時遇到了另外一個更好的女孩，就和她好上了。對於男友的背叛，李素娟簡直痛苦到了極點，可是任憑她怎麼努力挽回，吳達時都郎心似鐵，難以回心轉意。李素娟傷心極了，天天以淚洗面。

就這樣，李素娟越來越憔悴，日子過得混亂不堪。

李素娟失戀後沒有正確地看待自己，她就走不出失戀所帶來的陰霾，結果陰陰鬱鬱地不成個樣子讓人擔心。

其實，年輕的上班族沒有必要那麼折磨自己，失戀固然會讓人難受，但說不定和我們分開的那個人並不適合我們。只要我們認真地尋找下去，說不定會遇到那個和我們相知相契的人。

黃麗丹被男朋友甩了，心情一落千丈，她不明白為什麼現在的男人都是甜言蜜語之後冷眼相對。可是，她的男朋友是不會回到她身邊了，黃麗丹整日百無聊賴地生活著。她不再相信愛情，日子也過得單調乏味。

若干年後，黃麗丹到了談婚論嫁的年齡，她的爸爸媽媽催促她早日結婚。黃麗丹這時才知道，不能一個人過下半輩子，可是，人海茫茫，她的真愛在哪裏呢？

每天晚上，黃麗丹都是輾轉難眠。是否男人的諾言的確不值得信任？她仔細地思索著。

　　後來，爸爸媽媽給她介紹了一個看起來很不錯的對象。黃麗丹不能繼續單身了，只好和那個人好了起來。從和他的相處中，黃麗丹發現，其實他還不錯，高大英俊又會照顧人。再後來，黃麗丹和他步入了婚姻的殿堂，生活得也十分美滿。

　　黃麗丹在失戀後重又接受了一份新的感情，她才能走出失戀帶來的痛苦的陰影。對於年輕的上班族，難免會失戀，失戀後沒有必要認為自己的一生都被對方完全給毀了。

　　其實，人生有時充滿意外，尤其是在愛情上，很難知道誰將是我們最後的伴侶。在結婚之前，我們可以屢次失戀，而一旦結婚了，我們就要固守彼此之間的感情了。不用擔心對方會背叛你，因為對方也是好不容易才能和你走到一起的。

　　既然雙方都費了好大的努力才成就圓滿的婚姻，就要堅守這一份感情，不可背叛對方。

　　要知道，我們婚後和婚前是不一樣的，這時候不能見異思遷，彼此有責任保持忠貞，這樣兩個人在一起才會長久。當然，有些人卻可能因為某些因素而選擇離婚，面對失婚的不愉快。而無論何種情況，我們都要坦然地面對。

　　人生變幻莫測，並不是在我們身邊的人就能陪伴我們到老，而我們有必要守候這一份感情，因為來之不易。

　　就那樣，耐得住每日三餐的粗茶淡飯，肩負起撫養孩子、照顧父母的義務，雖然很平淡，但兩個人這樣的感情才會天長地久。否則，吃著碗裏還望著鍋裏的，固然有可能會遇到更好的，但會給目前的愛你的這個人帶來傷害。這種喜新厭舊的浮萍心性是讓人所不齒的。而且到最後往往會發現，最愛我們和我們最愛的人卻是我們現在的愛人。

　　所以，結婚之前可以有失戀的傷痕，但不要讓那段傷痕一直抹不去，忘掉那些給你帶來傷害的人你才會生活上放鬆一些。而結婚之後，我們就不可和配偶以外的人去談戀愛了，因為不但會浪費時間、精力，而且有可能會遭受對方的欺騙，蒙受損失。何況我們現在的配偶對我們不錯，為什麼非得要背叛他呢？要知道，一旦背叛就有可能失去他，而且到最後你會發現，原來我們找了一輩子，那個值得我們最愛的人卻是我們失去的人，你開始後悔，可是後悔已經來不及了。

📋 溫馨提示

　　我們剛開始上班兩三年，可能還沒有結婚，可是，人不可能一生一個人活，大部分的人都需要另外的一個人陪伴。於是，我們去尋找愛情。與一個人又一個人擦肩而過，我們被愛過也被傷害過。到最後總算腳步停留了下來，而這個將要和我們共度一生的人，是我們好不容易修來的福分才能最終在一起的。我們要相信這種緣分，否則一旦錯過了就可能遇不到更好的，讓自己苦不堪言。

上班二三年開始減壓過生活

Style 4

工作上可以輕鬆，看你什麼心態

剛開始上班兩三年，大部分的人都努力工作著，而且會覺得很疲憊，但如果換一種心態看待工作，說不定就會輕鬆很多，關鍵是工作並不難，心態好了，未來也就明朗了。

18　奮鬥了十年
不是為了和你在一起喝咖啡

　　有個青年，他很年輕時就開始外出謀生，嘗遍了酸甜苦辣之後，終於過上了想要的日子。然而，青年仍然不斷地努力著。

　　一個外商看到了，走過來問青年：「何必要這麼勞累呢？你已經很富有了，可以過上更美好的生活了，何必還這麼筋疲力盡呢？」

　　青年笑著說：「我現在不是為了生活，而是為了工作。試想想看，我現在可以每天過著遊山玩水的生活，但那樣的話有什麼意義呢？況且我現在不累，每天下班還可以看電視、泡溫泉等，何等愜意！哪裏像多年前，剛剛到外面打拚，吃了多少苦，受了多少罪，是難以想像的。我現在是在享受生活，而不是讓生活所左右。」

　　外商聽了，對青年大為讚賞，回去後向自己的兒子說起。

　　兒子問：「爸爸，咱們家那麼富有，何必要那麼努力呢？」

外商說：「現在不努力，將來就有可能有吃不上飯的一天。」

「可是，為什麼那個青年人過得那麼闊綽輕鬆呢？」

外商不能給兒子滿意的答案，他只好自己去找那個青年人。

好不容易外商的兒子見到了青年，他問青年：「你以前那麼努力，怎麼現在放慢節奏了呢？」

青年說：「我以前是為了生存，現在我不必為生活憂慮，可以更好地享受生活了。」

「可是，你才二十多歲，如果這麼早就享受生活的話，豈不是會誤了將來？」

青年說：「我已經用了十年的努力，才有了現在像樣的生活。雖然我也知道幸福生活來之不易，要繼續打拚，可是，誰能一輩子總是那麼勞碌呢？我有自己想要的人生，何必非得要讓自己極度疲憊呢？」

外商的兒子說：「你現在的錢富並不比我爸爸多，將來爸爸會把那筆財產讓我繼承，我不用努力就可以幸福一輩子，如果你現在不繼續努力的話，以後吃老本，就可能坐吃山空了。」

青年笑著說：「的確，我不能不努力，但也不能不放鬆自己，要知道我是用了十年的奮鬥才有了今天的成就。」

外商的兒子說：「你奮鬥了十年，而我不用奮鬥，卻能平起平坐，看來我還是幸運的，而且我家裏很富有，一輩子不用奮鬥也不用發愁。」

青年苦笑著說：「的確，你出身很好，是平常人可望不可即的，但要知道我奮鬥了十年並不是為了和你在一起喝咖啡。雖然你的身份高貴，不需要奮鬥，但萬一哪天那些錢財沒有了，你怎麼生活下去呢？」

外商的兒子說：「我是不用愁的，我們的家業是幾輩子也耗費不完的。」

青年說：「如果你抱著這樣的心態就有可能是敗家子了，況且，『天有不測風雲，人有旦夕禍福』，不怕萬一就怕一萬，誰也不知道將來哪天會發生什麼事，當忽然間你一無所有，你就算要後悔也來不及了。到那時，你怎麼去創造財富呢？」

外商的兒子說：「你現在不也是放輕鬆了嗎？當哪你也一無所有，你不也是照樣要落魄嗎？」

青年笑了一笑，說：「我和你不一樣，我奮鬥了十年，在這十年裏，我經過了重重的困難和磨礪，將來再遇到風險我都會坦然地扛下去，你會嗎？」

外商的兒子陷入了沉思。

　　青年接著說：「就像是知識，如果你懂得了就會一輩子受用無窮，而如果在緊急的情況下你才想開始去學習那些知識，就會來不及了。有些事情，只要我們學過了就會記憶終生；有些經歷，只要我們經過了，就會有所體會。我奮鬥了十年，並不是僅僅和你在一起和咖啡的。」

　　外商的兒子聽了，領悟了很多。

　　其實，青年的說法很對，只有經過生活的磨礪才會有全新的體悟。他用了十年的奮鬥並不是為了要和那些富家子弟在一起平起平坐。他會比那些養尊處優的人更睿智，更能面對風雨變幻的人生。

　　剛開始上班兩三年，可能只在社會上顛簸了，但如果沒有那些磨礪，我們會有更好的發展嗎？

　　當然，我們之所以奮鬥，是為了更好的生活享受。試想想，誰願意操勞了一生，到後來金山銀山，卻累得爬不起來享受呢？

溫馨提示

　　剛開始上班兩三年，我們需要努力，但並不是為了要和某個人攀比，我們也需要休息，以免賺來的錢讓別人花用。這樣，輕輕鬆鬆地生活下去，不但保證了生活，而且不會讓企圖不勞而獲的人有機可趁。

卸掉名利上的偽裝

　　世上很多東西都可以放下，但難以放下的卻是名利。為名為利，上班族會活得很累。然而，很多人都渴望有名有利。因為，他們認為，有名了別人會認識他，讓他的榮耀感得到滿足；有利了就可以有錢過上更好的日子。

　　因此，為了名利他們拚命地努力著，但是，到最後，卻為名利所累，所傷害。

　　要知道，固然每個人需要名和利，但不要一味地去追逐，否則，會沒有自由，活得很不實在。

　　只有在追求的過程中保持赤子之心，不忘初衷，才不會讓人認為你唯利是圖。當然，剛開始上班兩三年，由於年輕有追求，難以把名利置於度外，很多時候都渴望名利雙收。

　　的確，有那個念頭不錯，起碼會有努力的方向，但一生中僅僅擁有名和利就難免不被其所奴役，而不會快樂了。

　　試想想看，給你一個高位，讓你沒妻沒子，你願意嗎？給你一千萬財產，讓你殘廢，你願意嗎？你當然不願意。名和

利都是身外之物，只有勤勞、智慧、聰明、勇敢等美德不會失去。

在沒有名利的時候，不應過多地渴求，可以通過自己的努力獲得名和利，而要是通過一些非常的手段達到了目的，往往會讓別人所不齒。

袁瑜珍新進了一家公司，為了提高業績，她和同事處處在工作中搶風頭，這樣，固然她們都獲得了提升，但是，她和她的那些同事之間鬧了彆扭，互相嫉妒紛爭。後來，袁瑜珍有事請求她們，她們都是滿不在乎。袁瑜珍覺得她們非常冷漠，但是曾經得罪了她們，能怎麼辦呢？

袁瑜珍曾經和同事為了一些利益的問題爭執，得罪了她們，後來再尋求她們幫助的時候，已經不可能了。如果她細細地思量，會發現，其實，並沒有什麼名和利是真正放不下的，尤其是在工作上，沒有必要非得和同事們爭搶。固然和他們是競爭對手，但也是朋友，不要為了一些雞毛蒜皮的小事讓彼此成了敵人。

名利轉瞬即逝，不會長久。如果年輕時不明白這些，年老時就會感慨失去了太多。想想，為了名利，你要和別人發生爭鬥，要失去已經擁有的東西，而這些失去的往往才是最重要的。

　　年輕的上班族要正確看待名和利，可以追求，但不要為其機關算盡，喪失了一切。名利是浮雲，只有親情、友情、愛情等才不會消退。不明白這些，固然可以功名在握，當孤家寡人品嘗到落寞時，更有甚者遭到別人的唾棄時，只有日復一日地懺悔了，何必呢？

　　所以，要卸掉名利上的偽裝，不要為了名利活得太累。其實，看開名利，有所求有所不求，才會工作上奮進，不會為了一些得失斤斤計較、吃不好飯睡不好覺。

📑 溫馨提示

　　年輕的上班族都希望名利雙收，但追求不到只會白花力氣，費心勞神，而且只知道追求名利，會失去名利之外有價值的東西。到後來往往會發現追求了一輩子，名利並不是自己真正的想要，便開始渴望愛的溫暖，渴望別人的贊同，但是當初為了名利得罪了所有的人，誰會來安慰你呢？而如果卸掉名利上的偽裝，不必為之用盡心計，就會活得達觀、開朗一些。

放下身段，低姿態面對工作

　　如果你在工作中感覺到很累，你應該明白是什麼原因。而工作很少有輕鬆的，是你經驗不夠還是……？無論何種情況，年輕的上班族都不能在工作上過度抱怨，要扛得住這份責任。而要是總對別人說自己的工作不如意，話傳到老闆那裏，結局可想而知。

　　呂明軒新到了一家單位，老闆對他很器重，他也在努力地工作著。最初，他任勞任怨，後來，卻開始抱怨起來了，抱怨公司的環境不好，抱怨老闆的態度差，抱怨同事間不友善，抱怨工資低……由於他的這些話傳到了老闆耳裏，老闆聽了不高興，找到呂明軒，說：「你好好地工作，我不會虧待你的。」呂明軒又認真地做起來，但沒過多久又開始抱怨，老闆實在受不了，只好把他辭退了。

　　呂明軒一開始被器重到後來被解雇，除了他的抱怨之外，就是他不能放低自己的身段，去做一些並不起眼的事情。雖然那些事情不能滿足他的成就感，不能給他帶來榮耀等，但只要

他認真地做下去，會功有所成的。

這裏，有的人說：「大丈夫就該做大事啊。」可是，如果總是不願委屈自己，恐怕不但現有手中的事情做不好，更別說將來要做什麼大事了。

保持低姿態會讓我們更好地做大事。想想，只有埋頭才有出頭，出頭得越早越容易被淘汰。我們有必要在出頭之前謙卑自抑，不為名利斤斤計較，這樣，我們就不會過多地讓雞毛蒜皮的小事叨擾，就能做大事。

然而，並不是人人都能有機會去做大事，雖然你也時常放下身段，降低姿態，可是，如果你不去堅持到底，耐不了平凡和寂寞，照樣不會成功的。

鄧城旭一開始做的是打雜、助理性質的工作，雖然壓力很大也沒什麼成就感，但他仍努力地做下去。後來，他能力提升了，老闆就讓他做了大的案子。他把大的案子也做得有聲有色，拿到了不少獎勵金，生活過得十分愜意。

鄧城旭耐得了平凡和寂寞，他才會成功，否則，一開始就不願意做那些不起眼的事而夢想要做大事，老闆只會認為他眼高手低，最終不再雇用他了。

人的確不能太高估自己，尤其是在工作上，放下身段，低姿態地去面對工作，才能一步一步走得踏實穩固，直至成功。

溫馨提示

　　年輕的上班族很容易眼高手低，一旦這樣，工作上就不會有起色。只有放下身段以低姿態去面對工作，才能把小的事情做好，繼而去做大事。相反地，要是讓別人高估了你，固然會給你重任，但你壓力會大，如果你做不好，只會讓別人對你投來不友好的眼光了。

接受想要的，拒絕不喜歡的

年輕的上班族常常會感覺到很為難，怎樣才能接受自己想要的而拒絕不喜歡的呢？

很多時候，我們想要的可能不會有人給予，而不喜歡的事卻接二連三地遇到。為此，我們會思緒亂如麻，久久感到納悶，為什麼想要的東西不來，不想要的東西卻接踵而至呢？

其實，並不是我們沒有權利接受和拒絕，然而大多數時候是不得不接受，或很難去拒絕。想想，剛開始上班兩三年，我們還年輕，還得工作，如果老闆派給你一項任務，即便你不想去做，還是會硬著頭皮接受。工作上沒有藉口。當然，接受自己所不想要的會讓人心煩，可是，在職場上誰能想做什麼就做什麼呢？於是，你忍受著，直到某一天你承受不了只好辭職。

而一旦辭職，你的生活又會陷入難題，你不工作誰來養活你呢？為此，你掙扎著，久久不能平靜。要是時常能做著自己喜歡的事情那該多好啊，可是，不喜歡的事情也要去做，這樣，才不會把職場的路給走絕了。

　　韓璐的工作是負責公司裏人才的招聘，她也喜歡這樣的職務。為此，她孜孜不倦地努力著，深得老闆的賞識。後來，好長一段時間公司不需進用人才了，人事部也門可羅雀。老闆覺得不能讓韓璐閒著，就把她調到了企劃部，讓她負責公司品牌推廣、企劃工作。韓璐不情願，但還是撅著嘴巴去企劃部了。由於韓璐在企劃部上班心不在焉，老闆又把她調到了編輯部。然而，面對浩如煙海的文件，韓璐覺得腦袋都要炸了。

　　她終於忍不住了，找到老闆理論，「我是負責人才招聘的，怎麼把我調來調去！您不知道嗎？我不喜歡那些事情。」

　　老闆耐心地說：「現在公司是淡季，並不需要人才，等需要招聘人才的時候再把你調回人事部。」

　　韓璐說：「我現在覺得工作上很無聊，一點勁頭也沒有，而且做了自己不喜歡的工作會很累。」

　　老闆說：「確實人事部現在不需要人，你再忍耐一下。」

　　韓璐說：「但實在忍受不了。」

　　老闆說：「你不能不做事情啊！想想看，公司需要發展，你待在公司不做事情還能拿到工資讓別的員工怎麼看？」

　　韓璐說：「我不管，我只要去人事部，其他的我一概不聞不問。」

　　老闆聽後，對韓璐的印象大打折扣，從此不再像以前那麼

重視她了。

　　韓璐不去接受老闆分配的任務，固然有她的理由，但那樣「為所欲為」，是很容易在職場上走不下去的。想想，人人每天都在忙忙碌碌地上班，我們固然有可能一開始待在自己感興趣的職位，可「各人自掃門前雪，莫管他人瓦上霜」，只會讓老闆認為你在公司的存在價值很少。當然，除非你能把你做著的工作做得非常出色，否則，長時間對公司裏的其他職務漠不關心，總有一天老闆會請你走路。

　　公司並不是單靠一個人就能經營成功，需要團結，你有時也需要接受自己不想要接受的，雖然不情願但也要做好，以免敷衍了事讓老闆對你大跌眼鏡。

　　這裏，有的人會說：「難道所有的事情都要去接受嗎？那樣不是很被動嗎？」其實，接受不是自己想要的會很累，但並不是老闆分配給我們的任務就是我們不想要的。

　　賀偉霖是個自由撰稿人，最近在寫一部長篇小說，他正全神貫注地投入創作時，他曾經的合作夥伴給他打來了電話，想讓他寫一本親子讀物。賀偉霖沒有那個時間和精力，就拒絕了。

　　賀偉霖可以拒絕合夥人的請求，因為，他是自由業，拒絕後並不一定會產生嚴重後果。

　　年輕的上班族有必要明白，在面對自己不喜歡的事情時要

拒絕。只有拒絕才有機會做自己喜歡的工作並樂在其中。但在拒絕之前，也要考慮清楚，以免失去的其實是一個好機會。

但是，很多時候我們往往迫於生存的壓力而會去接受。接受自己想要的會輕鬆一些，如果不是自己想要的有時不得已也得接受，當然，前提是為了生存和發展考慮。對於我們已經自由了，不必依靠老闆謀取生存了，這時候我們就可以大膽地拒絕，以免不懂拒絕而讓自己吃虧。

趙東皓是個小攤販，最近進了一批水果，沒想到品質卻是良莠不齊，好壞參雜。他很生氣，決定退貨。

供應商說：「不就是中間有些較小的蘋果嗎，有什麼大驚小怪的？這樣子吧，我少算你一些錢，你看如何？」

趙東皓說：「不要了就是不要了。」

供應商說：「怎麼能這樣子呢？我少算你一些錢對你多好啊？你想想看，你進價的成本低，而你卻可以不減價地賣給顧客，你不是能賺錢很多嗎？」

趙東皓說：「我可不願意欺騙顧客，以免下次他們就不再買我的東西了。」

趙東皓拒絕了供應商的無理要求，他才能贏得顧客的信任。要知道，消費者的眼光是雪亮的，如果第一次欺騙了他，

他第二次就不會上當，更有可能會讓你的貨賣不出去，虧損更多。也就是說，無論什麼情況，任何時候，我們都要學會拒絕或接受。接受會讓我們更具有責任感把事情完成，即便壓力大一些，也會得到對方的認同；拒絕能使我們更輕鬆地走好下一步，少掉了後顧之憂。

所以，接受想要的、拒絕不喜歡的固然是好，但很多時候，不是自己想要的我們也有必要去接受，那樣低頭做事才能將來抬頭做人，而同時，該拒絕的也要去拒絕，畢竟我們不能黑貓白貓不論好貓壞貓都要，有必要明辨事理，這樣，才會將來少出錯。

📋 溫馨提示

接受想要的會讓我們獲取更多，拒絕不喜歡的會讓我們壓力更少。而很多時候並不是我們接受的就是我們想要的，如果有利於長遠的發展也有必要去接受，而拒絕要掌握一定的分寸，並不是自己不喜歡的一定要拒絕，以免拒絕了機會讓自己後悔莫及。

22　面對解雇，笑一笑反而更好

失戀了我們會鬱鬱寡歡，失業了我們會怎麼辦呢？嚎啕大哭，還是不吃飯、不睡覺？其實，剛開始上班兩三年失業並不值得過多介意。

在剛開始上班兩三年，我們要面對被解雇的可能。並非我們不夠優秀，也並不一定是老闆本身的問題，解雇很正常，很少有人可以絕對避免。

當然，我們工作後就不希望被解雇，但是，和老闆之間合作不下去了，老闆不解雇你，天天面對著老闆不友好的眼神，你能受得了嗎？

坦然地面對被解雇吧，笑一笑會讓你更好地面對失業後的失落。說不定這份工作並不適合你，說不定有更好的工作正等待著你去做。關鍵是不要在被解雇後意氣消沉，以免讓解雇你的老闆得逞。如果你在被解雇後到其他公司做得很好，那個老闆就會後悔了，否則，你看不起自己，或者做得更差，那個老闆可能會很慶幸，幸虧當初解雇了你。

　　我們沒有必要讓當初解雇我們的老闆自以為是，尤其是錯在老闆時，如果我們不能重新振作起來，只會讓那個老闆更得意。

　　王雲龍去一家公司應聘，老闆看到他簡歷上的資歷不錯，覺得他一定很有潛力。然而，在錄用王雲龍幾個月之後，老闆發現他的業績不佳，出於公司用人成本的考慮，老闆只好辭退了王雲龍。沒想到王雲龍在其他公司做得相當出色，那個解雇他的老闆真是悔不當初。

　　老闆一開始認為王雲龍不錯，但工作後業績卻落差很大，就把王雲龍解雇了，而後來得知王雲龍在其他的單位做得更好時，他開始後悔了。

　　其實，對於這樣的老闆，大多數考慮的是商業價值，我們不必為之賣力。以免他覺得你有價值的時候對你很好，而當覺得你沒有價值了就會毫不留情地把你解雇了。

　　我們沒有必要在被解雇後痛不欲生，無論是我們的錯還是老闆的錯，都要去面對。

　　解雇沒有什麼大不了，只要笑一笑，事情就過去了。

　　在被解雇之後，不利的方面是我們沒有了工作，開始為生計發愁。這時候，不要沉浸在被解雇帶來的痛苦之中了，邁出

下一步，會有更合適的公司。

　　成學迅被解雇後，整天待在家裏發愁，對他的女朋友說：「我已經失業一個月了，該怎麼辦呢？」

　　女朋友說：「你再找一份工作啊！沒有什麼大不了的。」

　　「可是，我還會找到合適的工作嗎？」

　　「男子漢大丈夫怎麼這麼不相信自己呢？就算你找不到，你女朋友我會照顧你的。」

　　聽到女朋友的話，成學迅心裏放鬆了很多。但作為一個男人，不應該吃軟飯，尤其是讓女人賺錢養自己、照顧自己。他這樣想著，於是就走出家門去找工作了。成學迅以為不會遇到比以前更好的工作，然而他還是遇到了。這時候，他才明白，解雇反而更好，要不他不會遇到更賞識他的人。從此，成學迅認真地工作，再也沒有被解雇過。

　　成學迅被解雇後意氣消沉，在女友的勸說下才去找工作，他不認為會遇到更好的工作，但是他遇到了。這裏說明，有時候被解雇並不是一件壞事，只要我們不因一次失業即一蹶不振就可以了。

　　想想看，剛開始上班兩三年，我們固然不會像剛畢業時頻繁地換工作，但我們目前就職的工作崗位會一輩子做下去嗎？往往在我們不預期的時候就被解雇了。這沒有什麼大不了的，

天下的公司行號那麼多，並不是過了這個村就沒了這個店，一定還有更適合我們的公司啊。出去找一找，或許會有更好的公司，而要是被解雇後不再相信自己，就不會有好的結果了。

你的成績不在於你在哪家公司，只要你能做出來，你就會升職加薪。

當然，做到被解雇後笑一笑，無憂無慮，才會更好地發展下去。我們不應該因為被解雇就完全否定自己，當然有時的確是因為自己做得不好而被老闆解雇了，但這樣也不能不去工作啊，即便新公司不比以前的好，也要做下去，以免你一直不工作，不光生活基本開銷有問題，也會讓解雇你的那個老闆沾沾自喜。我們沒有必要在被解雇後還給別人自以為是的理由，其實，我們可以改變自己，關鍵是要正確地看待被解雇，被解雇沒有什麼大不了的，大不了去找下一家，這樣，我們心裏就會放鬆一些，就能做好充分準備去迎接新的工作。

溫馨提示

被解雇後不要消極，笑一笑反而會更好。笑一笑能讓你看淡被解雇後的不快，笑一笑能讓你勇敢地去找下一份工作。只要多笑一笑，即便再被解雇也沒有問題。關鍵是我們不能一直

被解雇，要明白被解雇的原因然後加以改進，否則，固然你可以笑對解雇，但你總是被解雇而沒有找到癥結所在，你可能不會有好的工作而只會被解雇來解雇去了。

心往好處想，未來才會明朗

　　同樣一件事情，如果我們看到的是陰冷的一面，難免會抑鬱寡歡，如果看到的是美好的一面，心情則會豁然開朗起來。

　　想想，在陰天的時候，我們會感覺到很壓抑，而要是萬里晴空，則會心胸豁達。

　　工作上也是如此，面對堆積如山的文件，面對老闆交辦下來永遠完成不了的任務，我們會怎麼辦呢？

　　這時候，意亂心煩，想到好長時間都會很辛苦，則會活得很無望。而要是想想好的方面，結局則會不同。試想想，我們把工作完成後會放鬆一段時間，會得到老闆的加薪升職，這樣就有了幹勁，就會再苦再累也高興地堅持下去了。

　　人往往一想到了好的事情，就會忘掉了憂愁，就會幹勁十足。多想想好的一面，未來才會明朗。

　　李雨峰是個年輕的經銷商，他春天時批進一些食品，可是，放在店裏幾個月都賣不出去。

　　李雨峰決定向廠家退貨，廠家不但沒有不高興，反而微笑

著對李雨峰說：「我那些食品春天不好賣，只有到了秋天天氣開始轉涼的時候，人們才會想到它，用它滋補身體。」

李雨峰說：「我現在放在店裏也沒有用，反而要占地方。」

廠家說：「那些食品有兩年的保證期，你把它們存下來說不定秋天就會大賣了。」

廠家又給李雨峰說了一些好聽的話，李雨峰眼前浮現了秋天時財源滾滾的場景，禁不住笑了起來。於是，李雨峰不再堅持退貨。果然，到了秋天的時候，由於那些食品正是當令進補所需，大賣了，讓李雨峰盈利不少，李雨峰高興得不得了。

李雨峰心往好處想，才會讓事情按照自己想像的方向發展。

其實，只要我們想得好，就有可能使事情按照我們想像的方向發展。即便難以「心想事成」，但有了那個追求，努力過了，也就會無所遺憾。

所以，心往好處想，才有可能會有好的結局；心往好處想，會看到明朗的未來，會心態積極，不再因為消極讓自己活在陰霾之中。

📋 溫馨提示

心往好處想，我們就會以積極的心態面對世界，即便是烏雲壓頂，也能驅除陰霾，使得雲開霧散，陽光溫柔地灑進來。

上班二三年開始減壓過生活

Style 5

為未來投資是一個慢過程

剛開始上班兩三年，不可只顧眼前，有必要為未來考慮，以免現在累，將來更累。只有為未來投資，將來才會壓力小一些。而投資是一個慢過程，慢慢地你就會覺得輕鬆了不少。

24 睡眠時間要保證，不多也不少

剛開始上班兩三年，我們有時可能會睡得很多，例如，在週末放假時，日上三竿了也還不願意起床；可在週中工作日裏，我們就不能睡到自然醒了，必須定好鬧鐘，到了一定的時間準時起床。因為，在工作日裏，我們不是享受生活而是為生活打拼了。無論我們是否倦怠，是否不想起床，都要在週一到週五按時起床，這樣，才不至於上班遲到，才會把工作完成。

而要是前一天我們睡得很晚，第二天早上要上班時，自然是慵懶，我們伸了一個懶腰，打了一個哈欠，必須要起床，因為，不起床去上班就要遲到了。由於我們昨天晚上睡得很晚，我們可能在洗臉的時候還眯著眼睛，然後隨隨便便套了衣服就匆匆忙忙地上班去了。直到進了公司之後，我們才發現忘了帶檔案夾或者手機忘在家裏了，這時候我們想要回去拿，但是上班的時間開始了，你會在別人都忙碌的時候開溜嗎？你當然不敢了，只好安分守己地做著工作。不知道為什麼聽到那些來去匆匆的聲音，你覺得時間過得好慢，心裏也很亂，工作上也不

是多麼用心。然後眼睛一閉，睏意湧來，又想睡了。你四處打量了一下，老闆並沒有在你的身邊，你覺得非常需要小憩一會兒。於是，你趴在辦公桌上，不知道什麼時候就進入了夢鄉。

當你睡得正甜時，這時候主管走了過來，把你叫醒：「別睡了，昨天晚上幹什麼去了？」你揉揉惺忪迷離的雙眼，怪不好意思地只好重新開始工作。特別是如果你經常在上班時小憩，上司就不會高興了，這時候他會把你請到辦公室。

楊子江由於跳槽到另一個行業，作息制度有了很大的改變，他以前往往是在傍晚上班，白天睡覺，現在卻要在白天上班，晚上睡覺。一開始，楊子江在上班的時候經常打盹，老闆看到了也沒有說什麼，但楊子江一個月後還是這個樣子，老闆可受不了了。

老闆把楊子江叫到了辦公室，問：「你知道我為什麼叫你來嗎？」

楊子江裝作什麼也不知道，搖搖頭。

老闆說：「你不知道你每天上班的時候都會打瞌睡嗎？」

楊子江說：「是有那麼一回事。」

老闆說：「你偶然小睡沒有問題，但你接二連三地小睡，有時小睡成了大睡，下班的時候你才醒來，這樣，你還不如回

家算了，不用來上班了。」

看到老闆生氣了，楊子江說：「我以後不再上班時睡覺了。」

老闆說：「我知道你以前的工作和現在的作息時間不同，但既然到了本公司就要遵守本公司的作息制度，否則，我只會請你走人了。」

楊子江說：「我會改過來的，請給我一次機會。」

老闆看到楊子江頗有悔悟的樣子，說：「你再工作一個月，我看看你的表現。」楊子江感謝答應了。

而在接下來的一個月當中，楊子江調整好了自己的作息時間，適應了公司的要求，老闆很高興，楊子江也得以在公司很好地發展下去。

楊子江不調整好自己的作息時間，最後的結果只能是被老闆解雇。好在他適應了公司的作息制度，才能在公司待下來。

年輕的上班族有必要調整好自己的作息時間，不能上班時呼嚕大睡，畢竟上班時間該工作，而不該休息打瞌睡。我們回到家裏後不可以太熬夜，尤其是第二天要上班。想想看，你到凌晨一兩點鐘才睡覺，睡不到四個小時就要起床去上班，難免不會在上班的時候打盹。你這樣等於偷老闆的時間，老闆會很

生氣的。而且由於你睡眠不足，工作業績也不會好，想想看，你完成不了任務，還能在公司裏長久待下去嗎？你可能拿不到更高的工資，可能被老闆批評，最後的結果是另謀高就。

無論在任何公司，你都不能在上班時睡覺，老闆不會容留那樣的員工在公司裏多待的。他們需要的是發展，需要的是員工為他們創造價值，你整天一副沒精打采的樣子，哪個老闆願意雇用你？而只有在該睡覺的時候睡覺，該工作的時候工作，你才會工作、休息兩不誤。而每個人的睡眠時間並不一樣，有的人一天睡五個小時就可以精力充沛，有的人每天睡八個小時還是沒精打采。這時候，我們就有必要提醒自己了，千萬不能在上班的時間讓自己大睡啊。

睡眠時間的保證，會有利於我們更好地發展，否則，睡眠不足，會有不好的結果。

韓浩宇也是個上班族，他之前在一家公司上班，可是後來他不想去了，就開始找新工作。他找到了一家離他住的地方單程兩個小時的公司，韓浩宇並沒有考慮到路程的問題。為此，他每天不得不很早地起床。由於睡眠時間沒有保證，結果在公司裏往往沒有精神。可想而知，韓浩宇的業績很差，而且每天來回奔波，很累。

　　這裏，可以建議韓浩宇搬到公司附近去住，或者在離自己住的附近的地方找公司。否則，公司太遠，就容易睡眠時間不足，當然也會影響工作上的效率。

　　年輕的上班族有必要保證工作上的睡眠，即便現在不是享受生活的時候，也不能睡眠質量太差，以免影響了自己的工作和事業。

　　想想看，我們保證不了睡眠，不光讓自己每天過得暈暈乎乎、混混沌沌，而且影響了未來，未來也會一塌糊塗。

　　我們需要充分休息，足夠的休息可以為未來做好準備。

　　李飛頡知道如何保證自己的睡眠質量，在工作天的時候他前一天晚上總會按時上床，在週末的時候他可以多睡一會。這樣，李飛頡精力充沛又不誤事業。

　　李飛頡保證了睡眠時間，才會很健康地生活下去。而對於睡眠時間需要多少，因人而異，只要不影響第二天的工作就行。

　　上班族有必要保證好睡眠時間，不可讓自己太勞累，也不可讓自己第二天沒有精神。這樣，得到了充分休息，才會更好地投入到工作和生活當中。

📋 溫馨提示

　　睡眠時間沒有得到保證，我們會昏昏沉沉，沒有精神，當然，睡眠時間不多也不少最好。因為，多了反而會浪費時間，少了只會讓自己一天下來迷迷糊糊。只有不多不少，才會活得精力充沛，既不會耽誤了現在又會為未來做好準備。

25　培養運動的習慣

　　最近，劉國防經常感覺身體不適，想想當初可是校體育隊的，身體特棒，怎麼走上社會後就變得不好了呢？他才發覺，自從他工作後任務繁忙，每天上班、下班，很少有時間去鍛鍊身體了。劉國防心想：「不能再這樣下去了，萬一累出病來怎麼辦？」

　　後來，劉國防就每天早起一會，繞著住家社區跑一圈，然後洗臉、刷牙去上班。劉國防覺得輕鬆多了，身體也不再那麼倦怠了。

　　劉國防早早地起床，鍛鍊了身體，就不會上班不適了。

　　如果我們也長時間沒有做運動了，有必要鍛鍊一下。運動能使我們的身體機能得到調節，能驅散壓力，能使我們工作上的精神得到恢復。而要是長時間地不運動，很有可能會使身體積勞成病。我們要善待自己的身體，剛開始上班兩三年還不注重這些，年老時就會後悔。

　　想想，我們曾經身體很好，那是在大學的四年時光，沒有煩惱，沒有憂愁，可是自從工作了之後，每天面對繁重的壓力，我們也忘掉了去運動。而一旦不去運動，身體就可能會出毛病。

　　李友勝是個內向的男生，最近感覺身體不適，而且咳個不停，感染風寒了。為了治療感冒，李友勝花了不少錢，而且感冒的那一段時間滋味很不好受。

　　病好後，李友勝來到了社區附近的廣場，看到每天早上都有一些老人在那裏運動，才知道很多人都非常注重自己的身體。

　　李友勝覺得，有必要以後每天早上也運動一會兒了，這樣，才不會身體犯毛病，影響工作。於是，李友勝從此以後每天早早地起床，做一會兒運動，他再也沒有犯過小毛病。

　　李友勝一開始不去鍛鍊身體，結果感冒犯了，只有他適時適量地運動，才能不至於讓身體不適。

　　年輕的上班族也要經常運動，當然剛開始上班兩三年要忙於工作，我們很難找到時間去鍛鍊身體。這時候可以利用週末放假的時間去爬山、打籃球等。如果在週中我們也想做做運

動，可以利用傍晚下班的時間，到健身房鍛鍊身體，也可以跑步、散步，活動一下手腳。不過，有的人說：「一天工作下來已經很累啦，根本沒有那個時間去運動，每天回到家裏只想倒頭就睡。」這樣的人是真的沒有時間運動嗎？未必！他們固然晚上回來後已經累得精疲力盡無法再做什麼運動，但可以在早上起床時鍛鍊一會兒身體啊。因為，早上起來身體處於鬆弛狀態，並沒有多少壓力，運動一會兒，會讓你精力充沛。我們有必要堅持每天早上多運動一會兒，這樣，長時間下去，身體才會無痛無恙。

賈周鋒小時候是個病弱的男孩，很多人都認為他將來一定會罹患重病。但是，賈周鋒在工作後身體卻越來越好。

他小時候的同學看到了不明所以，問賈周鋒：「你小時候那麼病弱，而且能吃好的、穿好的，無憂無慮，你現在每天工作那麼累，吃不好也穿不好，怎麼身體越來越好了呢？」

賈周鋒笑著說：「我每天早早地起床，做一會兒運動，身體才不會這裏痛那裏痛。」

他的那個同學說：「看來你要堅持下去了，因為，我發覺你最近一段時間精神特好。」

賈周鋒說：「那當然，我已經堅持很多年了，只要我繼續

堅持下去，每天都會神采飛揚，精神飽滿。」

那個同學聽了，笑了。

賈周鋒堅持每天運動片刻，才會身體越來越好。否則，在出現毛病的時候才想起去鍛鍊身體可能已經來不及了。

年輕的上班族不應該在感到身體不適的時候再去運動，有必要未雨綢繆。早早地去鍛鍊身體，堅持下去，才不至於未來出大毛病。當然我們的健康保得住了，我們就會更有精神去做其他事情。剛開始上班兩三年不該再意氣消沉、萎靡不振了。

所以，剛開始上班兩三年，我們應該天天早早起床，鍛鍊一會兒身體。這樣，善待自己的身體才不會出現毛病，才能神清氣爽地去做其他事情，不至於因為身體懶散做不好其他事情感覺到孤苦和無奈。

📋 溫馨提示

身體不適就不會更好地投入到一天的工作和生活當中，只可能使一天的努力白費，讓自己後悔。而只有我們每天早早地起床，運動一會兒，身體才不會常出毛病，才能更好地投入到一天的工作和生活當中，讓自己精力充沛又有成就感。

金錢到了一定的限度即可

　　剛開始上班兩三年，我們很愛錢，這是很多年輕人的通病，但愛錢本身並沒有錯，只是不能把錢當做唯一的追求。

　　錢是身外之物，是可以賺來的，也可以某一天罄盡。固然我們現在很缺錢，也很長時間難以賺到更多的錢，但不能為了金錢什麼也失去了。

　　錢到一定的限度即可，既不能太少也不要過多。太少了我們會生活上窮酸過得不盡如意，太多了我們會時刻擔心萬一某一天被搶走了怎麼辦。

　　只有金錢不多不少，才會活得坦然而又自在。

　　那些為了金錢不擇手段的人，到後來會受到法律的懲罰。因為，錢固然誘人，但也是雙刃劍，一不小心就會讓自己受傷。

　　王琪飛是個二十四歲的年輕爸爸，他要承擔起照顧妻子、女兒的責任，可是，最近家裏很窮，眼看女兒就要吃不上奶

粉了，王琪飛開始為錢的問題著急。向朋友借吧又不好意思開口，向父母要吧父母都是那麼年紀大的人將來還需要養老。王琪飛想了很久，都不知道怎樣才能弄來錢。後來，他腦筋機靈一動，決定去搶劫。

王琪飛固然搶劫成功了，但是也被警察逮捕了。他不知道是該喜還是該憂。

王琪飛是個有責任心的爸爸、丈夫，只是他賺不夠錢而想出了很糟的辦法，結果難逃法網。其實，王琪飛並沒有本質上的錯誤，如果他好好工作賺錢的話，就不會有那些麻煩了。

年輕的上班族有必要好好地工作，不能遊手好閒。工作了我們才會有金錢養活自己，養活家人，而要是遊手好閒，無所事事，除了會生活得潦倒之外，自己的家人也可能跟著受罪。

當然，我們賺的錢不一定夠多、夠滿足自己，尤其是在剛開始上班兩三年，面對著重重壓力，我們需要錢解決眼前的難題。例如，談戀愛需要花錢，住房子需要花錢，買衣服需要花錢，看朋友需要花錢……我們想想腦袋都會炸裂，真不知道何年何月才能過上不為錢發愁的日子。

也許，有可能我們此刻還在為錢焦急，下一刻就富起來也不一定。然而，這種一夜發達的機會，可望不可求。

鄭鑫朝和女友何月惠居住在一間不到五坪大租來的房子裏，他們時常想著能住上大房子，可是，每月的薪水所剩無幾，不知道何年何月才能住得上舒適的房子。

一次，鄭鑫朝買的彩票中了大獎，他們終於可以住上更寬敞、明亮的房子了。不過，鄭鑫朝和女友何月惠又開始了煩憂，他們不知道把剩下來的錢怎麼分配，整天擔心著。

鄭鑫朝和女友在沒有錢時渴望有錢，而當他們有錢了會真正地快樂起來嗎？

錢不是萬能的，沒錢也是萬萬不行的，但不能為了金錢什麼都不在乎。要知道，在沒錢的時候是想著錢，錢多了反而會不安。

張廷是個年輕的村官，一開始兩袖清風，但後來開始收受小恩小惠了，直至後來大貪大污。

張廷因為貪污被關押了，而且罰款不少，後悔莫及。

張廷為了錢，讓自己惹禍上身，一點也不值得。

　　錢並不需要太多，足夠就好。想想，即便我們過著奢華的生活，如果孤苦伶仃，也會感覺到沒有滋味；而錢不多不少，過著平平淡淡的日子，有天倫之樂，有同事、朋友的歡笑，何不美哉？

　　所以，錢到了一定的限度即可，錢多了會放不下，錢少了會生活得不好，只有錢不多不少，才會更好地享受生活，既沒有顧慮，又不會被錢所羈絆。

📋 溫馨提示

　　錢是身外之物，是人賺來的，也是人花用的。錢固然吸引人，但夠了就好。多了會放不下，少了會憂愁。只有保持平衡，不多不少，才會生活得自由自在。我們不應該坐吃山空不想去工作賺錢，但不能為了錢而失去了一切。錢是身外之物，可以讓你生活得闊綽，也可以讓你瞬間一無所有。關鍵是不要被錢所羈絆，要做金錢的主人，平平淡淡，才不會被其所傷害。

27 注意打扮一下，外在不可忽視

在剛開始上班兩三年，雖說內在越來越被重視，但外在也不可被忽視。要知道，固然我們可能很有內涵，但如果給別人一種不好的第一印象，也往往不會得到別人的認同。

想想，人們都喜歡那些看著給別人清新感覺的人。一個不注重外在形象，滿臉鬍渣子的人，是很難有人想和他共事的。即便他是多麼實在，但天天要和一個不講究身體衛生的人在一起，誰能受得了？尤其是如果也沒有內在，更容易讓別人輕視了。

年輕的上班族有必要在豐富自己內在的同時外在也給別人耳目一新的感覺。當然，內在是修養而成的，需要一定的時間和精力，外在卻不要花費太多。即便你長得不帥也不漂亮，但你穿著、打扮讓人喜歡，照樣會贏得別人的好感的。事實上，沒有醜的人，只有不會打扮的人。無論男人還是女人，打扮一下，都會給別人留下好的印象。而打扮也要有一定的分寸，不能太過於張揚、誇張，否則，讓常人接受不了也不行。

　　我們有必要正視自己的打扮問題，外表好看一些，內心才會舒服一些。而要是外在讓人不忍再看，走到大街上，別人都躲你遠遠的，你心裏是什麼滋味呢？一定會很難受。但如果你打扮得好看一點，回頭率百分之百，異性對你投來愛慕的目光，同性對你投來嫉妒、羨慕的眼神，你一定會很高興，趾高氣昂地在大街上走著。

　　對於我們因為打扮受到別人的讚揚會非常慶幸，畢竟人在世希望得到的都是別人的贊同。別人都羨慕你遠比鄙視你要好很多，而且羨慕你會讓你的心情放鬆很多。想想，哪個帥哥、美女不會有眾多追求者，而且也樂在其中！當然，他們也有壓力，但要是他們外在讓人不堪卒睹，他們就會被冷落，心裏會更難受，比起讓別人喜歡和讓別人冷落，你覺得哪一個好一點呢？當然，是希望人喜歡自己了。

　　既然這樣，如果你內在並不多麼好，也想贏得別人的認同，就有必要從外在修飾一下自己了。當然，如果你內外兼修那就更好不過了。然而，很少有完美的人，一些外表好看的人往往不具備內在，一些有內在的人往往不注意打扮。固然他們覺得打扮會多此一舉，但他們要想贏得更多人的喜愛，就不應怕麻煩。

　　打扮一下，不用塗脂抹粉，適宜即可，別人會對你投來豔

羨的目光，讓你深感自豪。無論任何行業都不能外在上輸給了別人，尤其是需要經常和別人接觸的職業。

李開源是個工程師，在公司沒有案子的時候，請假到遠在無錫的朋友那兒去玩一段時間。朋友是一個女孩，楚楚動人，落落大方。聽說，女孩以前其實並不漂亮，只是這幾年她在商場裏工作，每天上班前都要打扮一下。

李開源一見到女孩，驚奇極了，說：「你又變漂亮了！」

女孩說：「職業需求唄。這次打算要在無錫待多長時間？」

李開源說：「一個星期吧，會耽誤你的工作嗎？」

女孩說：「不會，我反正閒得很。」

李開源其實挺喜歡女孩的，要不他不會很多年一直和女孩保持著聯繫，而且動不動就要到無錫一段時間。不過，李開源只把女孩當做他的朋友，也沒有大膽地去追求，因為女孩那麼漂亮，追求她的人一定很多。

李開源想了想，對女孩說：「你有男朋友了嗎？」

女孩一邊整理著衣架一邊說：「還沒有。」

「你那麼漂亮，追求你的人一定很多吧？」

女孩笑著說：「他們都不是我喜歡的，光有一副外表有什麼用，又沒有真才實學，哪裏像你是一個工程師，一月工資七

八千。」

李開源笑著說：「我是有一點學問，不過，這幾年在工地上風吹日曬，人變得醜了，就算有學問也沒有人要了。」

女孩說：「你長得很帥啊，如果打扮一下就氣清神俊了。你看看你的衣服，多土！要不，我送你一件我們店裏的？」

李開源說：「不用了。」

女孩說：「又不讓你掏錢怕什麼，你打扮一下就是才貌雙全了。」

李開源說：「你喜歡什麼樣的男生呢？」

女孩說：「起碼不能太醜的，但也不能只是個花瓶。像你我感覺就不錯，不光有學問，而且人長得帥。」

李開源怪不好意思地說：「我其實沒有真才實學，只不過是靠著文憑混飯罷了。至於我的長相嘛，大街上從來沒有回頭率，我想一定是難看死了。」

女孩說：「很帥啊！我向好幾個同事都提到你，她們也看過你的照片，你簡直太帥了。」

李開源說：「沒有這麼誇張吧？」

女孩說：「如果再打扮一下就更好了。順便問一下，你有女朋友了嗎？」

李開源說：「沒有。」

女孩說：「如果我以後嫁不出去的話就找你。」

李開源心裏高興極了，但還是若無其事地說：「你不是想找一個帥的人嗎？」

女孩說：「對啊，其實你很帥啊！要不，你把臉上的鬍子刮一刮，穿上好看的衣服……」

女孩說了很多，李開源聽得很高興。

李開源在無錫待了一個星期就回去了。回去後李開源仔細地想著女孩的話，有必要打扮一下了。於是，他不再像以前那麼邋遢了，各方面地去修飾自己，他走在大街上不時有人回過頭看他，而且是那種羨慕或者愛慕的目光，李開源覺得心裏高興極了。

後來，李開源又去了無錫，而那個女孩還是單身。李開源知道那個女孩在等著他，就牽著她的手最終步入了婚姻的殿堂。而在婚禮上別人都為這對俊男美女祝福著。

李開源打扮了一下，會贏得別人友好的眼光，再加上他有學問，會更容易地在社會上受到別人的歡迎。

試想想，哪個人不喜歡那些才貌雙全的人？有別人的喜歡才會心裏輕鬆一些。否則，整日不修邊幅、蓬頭垢面的不成個人樣，很可能遭到冷落。

　　歐陽菲結婚前還打扮自己，但是婚後邋裏邋遢，特別是在有了孩子之後，整天一個人待在家裏頭髮也不梳、臉也不洗，丈夫開始對她冷落了下來。歐陽菲覺得有必要抓住丈夫的心，否則接下來的生活將不會好受。於是，她開始注意打扮，丈夫也漸漸地「回心轉意」了。

　　歐陽菲給丈夫一種不愛衛生的感覺，只會被丈夫遠離，好在她知道應該注重一下打扮，才重又贏得了丈夫的心。

　　年輕的上班族也有必要適度地打扮，當然，打扮了並不一定會讓我們達到某種需求。但外觀好看，就會受到別人的讚揚，心裏就會輕鬆很多。想想看，當你精疲力盡地走在路上，有個人猛一回頭，說：「哇，帥哥！」「哇，美女！」你心頭一定會很高興，多日的不快可能會化為雲煙，壓力也會減輕很多。

　　所以，我們有必要注意打扮一下，不為現在也要為將來考慮。你打扮會給別人留下好印象，會得到別人的讚賞，當然，某些事情做起來也水到渠成。尤其是在別人羨慕的目光中你會更輕鬆。但不能只靠著外表去吸引別人，以免青春不再又沒有實力而無法在社會上更好地立足，只有內外兼修，才能永立不敗之地。

📑 溫馨提示

　　打扮會讓我們給別人留下好印象，有助於我們長遠的發展。想想看，別人都讚賞你，那是一種多麼幸福的感覺，心情也會感到放鬆。但打扮也要適可而止，太過分了反而會讓人反胃，同時，也要注重自己內在的修養，以免青春不再，容顏老去，只會仰天長歎了。

低調一些，才能創造價值與奇蹟

　　有一句話說得很對：「鋒芒過露反而不利於長遠的發展。」人有必要深謀遠慮，要有長遠的眼光而不能只考慮到眼前。

　　的確，那些人生過得豐富多彩的人，大部分都是低調的人。他們不張揚，不顯擺，才能更好地修養自己的靈性。

　　想想，有的人固然年少時很風光，是某個領域的天才人物，但如果他太高調的話，天天沉醉於燈紅酒綠和別人讚賞中的生活，他會有心思繼續去打磨自己、精益求精嗎？他當然不會，他只會享受著「人上人」的感覺。直到有一天，他的那些光彩都退去了，他才知道高調給他帶來了不可收拾的後果，可是後悔已經晚了。再想想北宋時王安石所感歎的神童方仲永，幼年天資過人，成人後泯為眾人，誰想到他後來會被冷落呢？可見，如果不能低調一些，就不會創造價值與奇蹟，就很容易地會被歷史長河給淘洗掉。

　　我們有必要潛心地修養自己，要耐得住寂寞和蠱惑。好花

不常開，但如果我們經過數十年的努力才開出一朵花，那麼，我們就是耀眼的奇葩了。

聽說，在遙遠的山麓有一朵花，它一千年才開一次，人聞了可以延年益壽，常常伴隨在花身邊可以與天地同壽。

楊昕覺得不可思議，就決定要去尋找那朵花，他跋山涉水，不知道經過了多少年的努力，才來到了那個傳說中的山麓。楊昕以為勝利在望，高興極了。然而，他翻遍了整個山麓，也沒有找到那朵花，楊昕傷心絕望，難道自己白辛苦一場了嗎？楊昕百無聊賴地躺在山路上不知道該怎麼辦了。

這時候有一個在山上修行的道士正巧路過，楊昕馬上走過去，向道士作揖說：「聽說你們山上有一朵花，千年一開，人聞了可以健康長壽，帶在身邊可以長生不老。」

道士笑著說：「你是從哪裏聽來的？哪裏會有這種花呢？那不過是一種傳說罷了，固然傳說有可能是真的，但我在這座山上修行了三十多年，從來不知道那是真的。」

「可是，我為了要找那朵花，費了幾年的功夫，你看看我現在都蒼老了許多，你說如果沒有那朵花的話，我豈不是功夫要白費了？我一直相信功夫不負有心人，我也是那麼努力地尋找著，老天不會給我開一個惡意的玩笑故意捉弄我吧？」

道士笑著說：「雖然你找不到那朵花，可是，你比常人要好多了。想想看，你吃了多少苦，受了多少罪，才來到這裏。你未來就會過上比常人舒服的日子，就能修成正果。」

楊昕說：「我實在不甘心勞而無獲，如果我不把我最近幾年的光陰用在尋找那朵花上，我可能老早開了一家店鋪，成了百萬富翁。」

道士說：「錢再多也會有消失的一天，而你經過了人生的歷練，並沒有去顯擺自己，你就會與眾不同，比別人有成就。看到了嗎？山坡上的那朵花，之所以讓常人驚歎，是因為它耐得住寂寞，才能潛心地修養靈性，冰清玉潔，當然，和它作伴會有高雅的情操，但不一定會讓一個人長生不老。」

順著道士手指的方向望去，楊昕依稀看到懸崖峭壁上有一朵花開得正絢麗，而旁邊都是寸草不生。楊昕才明白，其實，與世無爭，耐得住寂寞，才能有最亮麗的光彩。

楊昕在山上盤桓了一段時日，並沒有找到傳說中的那朵花，但他感悟頗多，尤其是「人間四月芳菲盡，山寺桃花始盛開」，讓他明白了，只有耐得住淒涼的時刻，才有可能有一天在別人都黯淡失色的時候耀眼奪目。

後來，楊昕低調地生活，也開始務實起來，他做出了一番事業，而且當他歲數大了，他不僅在社會上德高望重，身體更

是從來沒有出現過毛病。楊昕終於明白了，低調一些會創造價值與奇蹟，受益終生。

楊昕不再好高騖遠，反而務實地潛心修養靈性，才會百煉成鋼，千煉成金，從眾生中脫穎而出。

想想看，太張揚就會被別人所嫉妒、所眼紅，而且有可能會遭到別人的算計。

如果他沉醉於高調的生活，一生的成績就可能到此不再會提高了。這裏，你可以借鑑一些年少成名的人物故事。有的人在沒有成功之前，能耐得住寂寞，可是成功之後就過於大搖大擺。這樣的人，他成功之後還能創作出超越他那個成功代表作的作品嗎？

其實，人生是一場修行，只有低調一些，才會創造價值與奇蹟。

低調，會讓我們更好地反省自己；低調，會讓我們不會為了蠅頭微利爭得頭破血流；低調，會讓我們感覺生活雖然平淡卻過得很知足；低調，會讓我們寵辱不驚，臨危不懼，能做大事。

所以，為了長遠考慮，我們有必要低調一些。低調會讓我們如獲新生，會讓我們在經過一番的潛心修養之後創造價值與

奇蹟，達到別人認為我們並不能取得的成功，讓別人對我們刮目相看，讓我們將來過上人人羨慕並愛戴我們的日子。

溫馨提示

低調會創造價值與奇蹟，因為，只有低調才會耐得住寂寞，才能集數十年的功力達到別人認為都不可能的成功。否則，急功近利，只會很早地被淘汰。人沒有必要年輕時像曇花一現一樣，只有年輕時低調，去創造價值與奇蹟，才會有自己的生活，才不會被社會所厭棄，才能成為人上人的人物。

Style 6

事業愛情雙豐收，不必過於渴求

　　大部分的人都希望事業、愛情雙雙豐收，也為此追求著，但會身心疲憊。如果不去過多地渴求，心裏上的壓力就會減少一些。

29 計較的少了，得到的也就多了

　　我們年輕時會斤斤計較，例如工資少、家世比別人不好、對象不優秀、朋友不友善，等等。可是，就算我們因此菜飯不思，消瘦了不少，情況會改變嗎？要知道，年輕人沒有必要計較那麼多，心放寬一點，才會輕鬆不少。

　　佟春瑩嫁給了一個並不富裕的醫生，可是，丈夫十分喜歡她，對她關愛有加，佟春瑩也覺得滿足。她的丈夫有個哥哥，哥哥也已娶妻生子。佟春瑩閒來無聊的時候就找嫂子談天，關係還不錯。

　　雖然他們兩家都不是多麼富有，可是其樂融融。

　　此外，佟春瑩的婆婆有一件傳家之寶，聽說價值連城，佟春瑩因此更感到未來充滿希望。

　　就這樣，佟春瑩和她的哥哥嫂嫂、婆婆一直親切和睦地生活著。

　　然而，不愉快的事情發生了，聽說嫂子把那件傳家之寶賣

掉了，全家頓時陷入一片愁雲慘霧之中。

佟春瑩對婆婆說：「那件傳家之寶保障了我們家族的命運，可是，嫂子就那樣把它賣掉了，媽媽，你說這該怎麼辦呢？」

婆婆問嫂子：「你為什麼要賣掉它，為什麼不事先和大家商量一下？」

嫂子意識到了自己的過錯，低頭沉思著，過了一會兒，嫂子抬起頭說：「媽媽，你也知道，我們家缺錢，何況你的小孫子又得了病，這不是著急得沒有辦法嗎？」

佟春瑩說：「傳家之寶是大家的，你怎麼能私自賣掉呢？你說，到底賣了多少錢。」

嫂子沒有說話，靜靜地待在那裏。

佟春瑩對婆婆說：「媽媽，你說那麼價值連城的傳家之寶，到底值多少錢呢？」

婆婆說：「起碼得上百萬吧，況且那是我們家族的榮耀，怎麼能說賣就賣呢？再說了，你嫂子也有一定的顧慮，她也說得對，現在兩家不都正缺錢嗎？既然賣了就賣了吧，我老了，留下它也沒有用。你們兩家把賣來的錢平分吧！」

佟春瑩聽說，問嫂子：「你說，到底賣了多少錢？」

嫂子沉思了片刻，說：「二十萬。」

「二十萬？你騙誰，起碼得兩百多萬，剩下的錢讓你獨吞了。」

嫂子說：「真的是二十萬，我沒有騙你。」

佟春瑩說：「那可是傳家之寶，怎麼能二十萬就輕易打發我們了？你說說到底賣了多少錢？婆婆說過了，我們兩家平分，也有你的份。」

嫂子仍然堅定地說：「二十萬。」

佟春瑩不相信，就讓她的丈夫去調查市場。丈夫經過一番努力打聽，發現那件傳家之寶價值一百五十多萬，而且帶來了專家的鑑定和評估。

佟春瑩一看到丈夫拿來的結果，頓時發了火，對嫂子說：「明明就是一百五十多萬，你怎麼說二十萬呢？你看看專家的鑑定，還有這些期刊。期刊上有和我們傳家之寶一樣的珍物，同樣是一百五十多萬，你怎麼說二十萬，你想唬弄誰呢？」

嫂子說：「的確是二十萬，我沒有騙你。」

佟春瑩聽說，在婆婆面前指責嫂子：「媽媽，你看看嫂子太不像話了，這期刊上明明說是一百五十多萬，還有專家的鑑定，可是嫂子偏說二十萬。」

婆婆看了那些期刊和專家的鑑定，轉過臉來問嫂子：「你說實話，到底賣了多少錢？」

　　嫂子說：「二十萬。」

　　佟春瑩氣極了，把期刊和專家的鑑定甩給嫂子，說：「你自己看看吧，證據確鑿，你還敢抵賴？」

　　嫂子看了一眼，說：「的確，這些寶貝值一百五十多萬，可是，咱們家的那件就是賣了二十萬。」

　　佟春瑩一看嫂子還是抵死不講實話，怒火中燒，對婆婆說：「媽媽，你也看看，你那個是什麼兒媳婦，竟然光天化日之下撒謊，我大哥當初真看走眼了，怎麼娶了那樣一個女人！」

　　嫂子聽說，不高興了，說：「的確是二十萬，請你不要誣衊人。」

　　佟春瑩更怒不可遏，說：「你以為我是三歲的孩子啊？明明一百五十多萬，你偏偏說二十萬，為什麼要那麼自私，要獨吞呢？」

　　佟春瑩在婆婆面前極力說嫂嫂的不好，婆婆都覺得不耐煩了，一拍桌子，對嫂子說：「你說實話吧，到底賣了多少錢？不能騙人。」

　　嫂子說：「二十萬。」

　　婆婆一聽，生氣極了，對嫂子說：「你連婆婆也敢騙，明明是一百五十多萬，你為什麼偏偏說二十萬呢？再說了，賣了

就賣了吧，何必要一直撒謊呢？兒媳婦，你再這樣子的話，我就讓大兒子和你離婚。」

說完，婆婆轉開臉去，氣得不可開交的樣子。

看到這種情況，嫂子說：「我說實話吧，那種類的傳家之寶的確值一百五十多萬，可是，媽媽，咱家的那件是贗品啊！」

婆婆說：「胡扯，怎麼能是贗品呢？我珍藏了一輩子，怎麼能珍藏了一個假東西。」

佟春瑩這時又開始在婆婆面前說嫂子的不是，婆婆也氣不打一處來，乾脆對嫂子說：「你還是離開我們家吧，你不配我做我的兒媳婦。」

就這樣，這件事情一直僵持著，佟春瑩和嫂子的關係日益惡化，嫂子也面臨著被休妻的危險。

然而，結局卻令佟春瑩和婆婆意想不到，嫂子花費了很多代價終於找回了那件傳家之寶，經過重重鑑別它確實是是贗品。佟春瑩和婆婆都瞠目結舌嚇呆了。

「這不是咱們家的那件吧……」婆婆仔細看了看那件東西，說，「的確是咱們家那件，我珍藏了五十多年怎麼能認不出來呢？況且裏面還有我特別留下的記號。」

全家又陷入一片尷尬的氛圍中。

　　佟春瑩不但沒有得到分款，反而讓婆婆深受傷害，和嫂子的關係也難以像往日那麼融洽，佟春瑩覺得自己彷彿捅到了馬蜂窩。可是，誰能知道結局是這樣子呢？

　　佟春瑩沒有想到結局會那樣，她計較得多，失去的也就更多。如果她當時不和嫂子錙銖必較，有可能會得到分款改變貧窮的生活。可是，由於不滿足，由於太計較，結果事與願違。

　　不過，有的人就說了：「如果是嫂子當初欺騙大家呢？如果是那件傳家之寶賣了一百五十多萬呢？」如果是那種情況，嫂子就可能因為計較得多，反而失去的更多了。

　　年輕的上班族有必要明白，在生活中，不能計較得太多，要知道，屬於自己的終究會屬於自己，不屬於自己的強求也沒有用。

　　我們有必要善待人生，計較的少，我們就會活得快樂，就不會為了一些陳芝麻爛穀子的事讓自己睡不好覺、吃不下飯。

　　其實，人生在世，難免有一些令人眼饞、嚮往的東西。在我們剛開始上班兩三年，不能過多計較，不能為了得到一些財富、一些名望等，和別人之間成了仇敵，水火不容。當然，除非是特別的情況，那就另當別論。在一般情況下，並沒有很多東西值得我們計較。

　　一切都是浮雲，都會成為過眼雲煙。我們剛開始上班兩三年固然需要物質、精神上的滿足，也需要得到、追求更多，但只有放下那些不必要的，不去斤斤計較，才會活得輕鬆且快樂。否則，為了一些不起眼的事就和別人針鋒相對，往往會兩敗俱傷。

　　到頭來，我們會發現，年輕時追求的那些並不是我們真正想要的。只有不去計較太多，才會擁有很多。

　　我們計較的少了，工作上就不會和同事為了利益的問題爭執；我們計較的少了，戀愛上就不會和對象結下怨恨；我們計較的少了，親朋就不會和我們成為仇敵；我們計較的少了，就會少一些麻煩和糾葛。

　　所以，計較的少一點，快樂就會多一點，得到的也就多一點。

溫馨提示

　　年輕人不應斤斤計較，不應為了一些不起眼的事讓自己陷入掙扎與矛盾之中。其實，放下一些，我們才會輕鬆很多，會和矛盾的一方化干戈為玉帛。當然，並不是要求我們要與世無爭，人應該有所追求，這樣，才會幹勁十足。然而，有所求有

所不求，我們才會活得快樂。苛求得太多往往得罪的人也就越多，甚至於眾叛親離；但如果一點奢求的願望也沒有，就恐怕會安於現狀，平平淡淡地過一輩子，更有可能是碌碌無為。

30 失去的就讓它失去，再追悔也沒有用

　　人都有這樣一種心理：想獲得，不想失去。但有捨才有得，人不可能一生總是順遂如意，老是獲得而不失去什麼。特別是在剛開始上班兩三年，面對著事業、愛情上的壓力，我們可能會有很多不如意。

　　這時候開始抱怨失去了哪些哪些，然而，有些東西一旦失去了再追悔也沒有用。

　　想想，我們可能失去了一個人的賞識，但說不定還會遇到更好的機會；我們可能被自己喜歡著的那個人甩掉了，但說不定下一步就會有更喜歡的人和我們相濡以沫。

　　誰也不知道未來的情況會怎樣，當未來不盡如意，當未來一再得不償失，我們有必要正視現實和反思自己了。

　　有些東西失去了再追悔也沒有用，我們要接受現實，接受現實會減輕我們心裏的壓力。

　　侯興梅是一位落落大方的女孩，聰慧、高挑，公司裏有

好多人追求她。可是，沒有侯興梅中意的。後來，侯興梅遇到了她的白馬王子，那個男生也對她投來了愛慕的目光。侯興梅以為愛情來臨了就永遠不會失去，於是盡情地沉浸在甜蜜之中。他們相戀了三個月，那個男生卻以兩人彼此不合適而離開了她。侯興梅傷心極了，她不明白，她那麼優秀，為什麼還會遭到失戀的痛苦。於是，她每天愁眉苦臉，上班時總是無精打采。她的上司知道了，把侯興梅叫到辦公室，問：「你怎麼啦，最近工作業績一直下滑？」侯興梅垂頭喪氣地說：「我失戀了。」

「失戀有什麼大不了的，你現在還年輕，說不定會遇到更好的。」

侯興梅說：「可是，他是我尋找了好久才中意的，沒想到我這麼優秀他竟然想和我分手。」

上司說：「既然已經失去了他，你再追悔也沒有用。想想，他不願意和你在一起，你整天鬱鬱寡歡，他會為你牽腸掛肚嗎？他當然不會在乎。我們有必要善待自己，找到一個更好的男朋友讓他瞧瞧，以免他看不起你。」

侯興梅說：「可能不會遇到更好的了，因為他是我費了好大的努力才從茫茫人海中找到的。」

上司說：「那段緣分已經成為過去，你再挽留不會有結果

了。你看看你，整日意氣消沉的樣子，不知道的人還以為你生病了呢。看開一點，放下他吧，他並不是你生活的全部。你需要工作，需要事業等。」

「可是，我可能註定要在失戀中度過了。」

「哪有那麼多可是，做好工作，不相信不會遇到更好的愛情。」

侯興梅還想說什麼，但看到上司對她肯定的樣子，只好把到嘴的話嚥了下去。

從此，侯興梅認真地工作著，但她不認為會遇到更好的男生了。

一次，在洽談會上，上司向她介紹了一個青年才俊。那個男生不光家世富有，而且有才又長得帥，是很多少女的夢中情人。聽上司如數家珍地描述著，侯興梅再次打量那個男生，發現他確實不錯。

在上司的撮合下，侯興梅和那個男生戀愛了。由於那個男生非常喜歡侯興梅那樣的女性，再加上和上司的那一層關係，他對侯興梅更加照顧得無微不至了。不久，他們就結婚了，婚後對侯興梅也疼愛有加。

侯興梅一開始失去了她喜歡的一個男生，如果她一再追悔

而那個男生卻無法回心轉意，她只有活在失戀的漩渦之中，既痛苦又不會享受到愛情的甜蜜。

其實，剛開始上班兩三年，在愛情上不可能一帆風順，有時候我們很愛很愛的那個人卻最終和我們分開了，這時候，會痛哭流涕，但如果一段情已成為過去，就只有追悔了。

而我們沒有必要一味地沉浸在追悔之中欲罷不能，沒有什麼不可以放棄的，失去了就讓它失去吧。

我們現在還年輕，不要因為失去而懊悔不已。我們未來還會失去很多，如果年輕時過不了這個關卡，就會在失去中痛苦地活著。而有失才有得，我們失去了一個很愛的人，說不定就會遇到一個更愛的人；我們失去了一份好工作，說不定還有另一份更好的工作正等待著我們去做呢。

上官龍在一家事業單位上班，他非常滿足他目前的生活，但是，公司員工來來去去，流動率很高，老闆覺得難以經營下去了，就決定解散公司，去做另外的行業。

上官龍還想跟老闆一起打拚，但老闆不得不遺憾地告訴他：「對不起，公司可能要倒閉了，我也不打算再做這個行業了，你還是另謀高就吧。」

上官龍說：「你對我這麼好，我可能不再會找到更好的工

作了。」

老闆說：「試著去找一下吧，我兩個星期後就要把這個公司轉讓了，祝你好運！」

上官龍覺得挺鬱悶的，但是公司就要關門大吉了，他不能不另謀高就，於是重新開始找工作。他不認為會遇到更好的公司，然而他還是遇到了。新的老闆比原來的老闆更加器重他。上官龍這時才知道，失去了一家好的工作單位並不表示再也遇不上更好的工作單位，說不定轉彎之處就會讓自己絕處逢生。

上官龍不認為自己會遇到更好的公司，然而，還是有人更加重視他。想想，他那麼敬業，哪個老闆不願意聘用他呢？

我們也有必要知道，失去了就讓它失去吧，追悔反而會沒有益處。

想想，人生不如意的事那麼多，事業、愛情上的一些煩惱，我們就為此放不下，將來怎能面對風雨變幻的人生呢？

我們有必要從現在開始不能過於渴求，有必要有一種臨危不懼的狀態。當失去了，就大聲對自己說：「我會更好的。「這樣，心態積極，就會更好。否則，失去了芝麻粒那麼小的事就懊悔不已，一生只可能在追悔中度過了。

　　人何必要和自己過不去呢？自己是自己最大的敵人，既然已經失去了就放開吧。失去了今天還會有明天，錯過了太陽還會有月亮。

　　所以，世上並沒有什麼可以值得計較的事，如果失去了就失去吧，追悔反而會沒有益處。我們沒有必要對事業、愛情太過於渴求，這樣，放開一點，剛開始上班兩三年，才不會被其所羈絆，走不出來而與之糾纏不清。

溫馨提示

　　失去是很正常的事，失去了才會獲得，只要我們不去過於渴求，現在可能失去了一些，說不定峰迴路轉就會獲得更多。想想，只有捨棄那些不必要的，才能獲得想要的，否則，什麼都不願意捨棄，就什麼也不會得到。

31 得不到的不一定是最好的

　　剛開始上班兩三年，我們有必要明白這樣一個問題，得不到的不一定是最好的，這樣，才不會為失去痛苦、糾纏，才能更好地面對目前，珍惜將來。

　　其實，有些東西得不到了反而會更好，起碼我們心中會有一種美好的嚮往或追求。如果輕而易舉地就得到了，反而會感覺到沒有特別意義。

　　得不到的不一定是最好的，得不到的只會讓我們活在可望不可即之中。

　　鄭昊喜歡上了公司裏的一個女孩，可是那個女孩並不喜歡他，而和其他的男生好上了。鄭昊並沒有為此痛不欲生，他反而祝福著她。後來，鄭昊遇到了喜歡他而他自己也喜歡的女孩，生活得很幸福。

　　鄭昊把得不到的看做了一種美好，才會活得有追求，否則，因為一點失去就念念不忘的話，只會使自己更悶悶不樂。

　　我們沒有必要耿耿於懷，把得不到的看做一種美好，心裏會好受一些。

　　陳曉紅是公司裏的重要幹部，最近公司在評估業績，按照她的能力本來能夠升職加薪，可是沒有。陳曉紅並沒有為此和老闆大吵大鬧，她反而把得不到的看做一種美好，心裏輕鬆了不少。

　　陳曉紅沒有得到應該屬於她的，但她把得不到的當做一種美好，就不會過多地奢求，就會心裏真正地好受起來。

　　我們也有必要把得不到的看做一種美好，而且說不定得不到的並不一定是最好的。只是人們都有這樣一種心理，越是容易得到的越不在乎，越是得不到的越想要。

　　其實，到最後，不屬於我們的仍然不屬於我們，屬於我們的終究會屬於我們，我們沒有必要去強求。珍惜已經擁有的反而會更好，不要這山望著那山高，以免那山沒有得到連這山也失去了。

溫馨提示

得不到的固然很美好，但我們把它當做一種嚮往即可，畢竟強求沒有用，屬於自己的總會到來，不屬於自己的只會和自己擦肩而過沒有必要放不下。這樣，把得不到的看做一種美好，而又珍惜已經擁有的，才不會因為失去或得不到而痛苦、糾結。

32 勝負乃兵家常事，
不必為失敗痛苦

　　剛開始上班兩三年的年輕人都希望成功，然而，成功的人畢竟是少數，於是，就有大部分的人和失敗作伴了。在失敗後，我們會感到十分痛苦，可是，人生在世誰能事事如意？何況我們現在還年輕，經歷過一些挫折與磨難算得了什麼？

　　未來的路還很漫長，只要我們不因失敗而痛苦，勇敢地承受不如意，我們就能站起來，去爭取一下次的成功。

　　一個年輕的商人在屢次經商失敗後意氣消沉，他滿懷著沮喪的心情來到了河邊，想想這幾年來一直失敗，心中的痛苦無處訴說。他想著想著，就放聲大哭起來。這時候驚動了在附近居住的一個樵夫。

　　樵夫看到年輕人憔悴落寞、垂頭喪氣的樣子，問他：「你怎麼了，為何如此傷心痛哭？」

　　年輕人說：「我屢次經商都失敗，我不知道為什麼會和成功無緣，我都努力地試過了很多次，可是失敗時常光臨。我想

我註定是一個失敗者。」年輕人一邊說，一邊淚流滿面。

樵夫說：「其實，失敗是很正常的事，就算你失敗了一千次，如果你最後一次成功了，你就是一個成功的人士。愛迪生當初研究電燈時，失敗了兩千多次才得以成功，你現在年紀還小，失敗了算得了什麼？大不了重頭再來。」

年輕人說：「可是，我不想失敗只想成功。「

樵夫說：「的確，每個人都渴望成功，可失敗是成功之母，兵家也說：『勝敗乃兵家常事。』如果失敗了就要從中汲取教訓，否則讓失敗的痛苦打垮了，就看不到未來的美好了。」

年輕人破泣為笑，問：「你怎麼知道得這麼多呢？」

樵夫說：「我是上了年紀的人，經過人生幾十年的歷練才知道，其實，勝負乃常事，不必為失敗痛苦，否則就很難成功。年輕人，你未來的道路還很漫長，千萬不要活在失敗的陰影裏。你想想看，不是每個人都會成功，而為什麼成功的人就是那麼少數呢？關鍵是在他們失敗後再努力一把。如果你再繼續努力下去，說不定就會走出失敗的痛苦，迎來成功。」

年輕人聽了，覺得有道理，就不再灰心喪氣，滿懷希望地回去了。

　　年輕人明白了勝負乃兵家常事，人生不能為失敗痛苦，他才會很好地面對自己，否則，因為一些波折就怨恨頓生，永遠就看不到成功的希望。

　　成功不在於我們是多麼地努力，關鍵是在失敗時不放棄自己，再試一步就有可能成功。

　　同樣有一位年輕的商人，他接連生意場上碰壁，虧損了很多。眼看就要破產了，他失望極了，打算從自家的陽臺上跳下去解決並不如意的命運。可是，當他打開窗簾，陽光溫柔地灑過來，依稀聽見清脆的鳥鳴，他再看看樓下，桃花迎著春風醉臉醺醺，萬物一片欣欣向榮。他頓時沉靜了下來。世界是那麼美好，何必要錯過呢？再說了，就算結束了自己的性命，世界會因為他而有所改變嗎？

　　他想了又想，覺得沒有必要尋短輕生。其實，人生還是美好的，要不為什麼窗外的世界令人耳目一新。於是，他拾起支離破碎的心，對著鏡子微微一笑，再次投入到工作當中。這一次，年輕人和合作夥伴洽談成功了，而且因為這筆生意，年輕人轉虧為盈，大大獲利不少。成功後，他不禁嘲笑當初因為失敗而痛苦而輕生的消極念頭了。

　　年輕人從失敗的痛苦中走了出來，他才能夠重新上陣，繼而取得成功。

　　其實，失敗是很正常的事，在我們剛開始上班兩三年沒有必要在乎失敗。你對失敗看開一點，失敗就會和你做朋友；如果你對失敗非常仇恨，在其中欲罷不能，失敗就會讓你永遠也走不出它所設置的圈套。

　　所以，勝負是很正常的事，我們不應為失敗痛苦。這樣，我們的生活中才會充滿陽光，我們才會積極向上，早一日和成功接軌。

📑 溫馨提示

　　沒有人願意失敗，可是，剛開始上班兩三年，我們還年輕，經驗還不足，失敗往往是常客。這時候，就有必要把失敗請到家裏，和它促膝長談，明白自己失敗的原因，然後加以改進，就能走出失敗所帶來的不愉快。否則，對失敗咬牙切齒，一旦失敗了就滿腹牢騷、抱怨，失敗往往會給你更嚴重的懲罰，讓你痛不欲生。其實，看開一點，失敗並不是什麼大不了的事，這樣，才會生活中充滿樂觀，才會更好地邁出下一步。

33　帶著輕鬆的心情面對煩擾

　　剛開始上班兩三年，會有太多的事情困擾著自己，當然有的也不可避免。對於那些剪不斷理還亂的事情，我們該怎麼辦呢？是整天耿耿於懷還是學會放下？其實，我們沒有必要被那些煩擾所左右。既然有些煩擾無法消除，就應該帶著輕鬆的心情去面對。這樣，在面對一些紛紛擾擾時，才會從容不迫，更好地去處理。

　　我們應該保持輕鬆的心情，不論壓力重若泰山，也要笑著去面對。不讓外界的紛擾干擾了自己的情緒，會更容易安然若素地生活下去。

　　想想看，生活中不如意事十有八九，如果一遇到不高興的事就自找麻煩，苦惱將會源源不斷。誰想整日都活在煩擾之中呢，誰不想清靜？既然這樣，當煩擾來臨的時候就開門讓它進來吧，給它倒一杯茶，微笑著面對。這樣，你對煩擾以禮相待，煩擾就會知趣不再打擾你了。

　　我們有必要笑對煩擾，對煩擾笑一笑，心裏會好受一些，

對煩擾不去過多地在乎，心裏才會放鬆。

曹小姐是個白領階級，每天要面對工作上堆積如山的文案，和老闆交代的永遠做不完的任務。一開始，曹小姐面對著巨大的壓力意亂心煩。但後來，她覺得與其讓這些煩擾干擾著自己，不如微笑著面對。於是，在接下來的日子裏，她就有條不紊地對待工作，不急不躁。結果她發現輕鬆了很多，而且工作中也充滿了樂趣。

曹小姐微笑著面對煩擾，才會工作中充滿樂趣，而要是她一直思緒亂如麻的話，只會生活沒有秩序、混亂不堪。

上班族沒有必要讓工作上的事情煩擾著自己，即便也會有一些不愉快，但誰會工作上時刻順順利利呢？微笑著面對工作上的煩擾就會輕鬆很多。而要是總是一副苦瓜臉，工作上的煩擾也不會給你好看，只會時刻讓你做不完讓你悶悶不樂。

在工作之外還有其他的煩擾，當我們回到家裏後，家裏好幾天沒有整理了，如果有朋友要來，我們一定會很意亂心煩，抓緊時間去打掃。而要是朋友不來的話，我們能讓家裏是一個垃圾窩嗎？平時清理一下，就少掉了生活中的煩擾。

除了在生活之外，還有愛情上的煩擾。

想想，在我們還是單身時，喜歡的人不出現，出現的人不喜歡，為此我們抑鬱寡歡，不知何時才會遇到合適的人。但愛情並不可強求，也不能順其自然，慢慢地去尋找，會有一個人和我們相知相契。愛情很簡單，只要彼此心心相印就可以了，何必在乎對方的身份、地位等？否則，提出一些苛刻的要求，是難以找到合適對象的。因為你在尋找優秀的對象的同時，他也在尋找著更優秀的對象。這樣，即便你們在一起了，他也有可能婚後會不在乎你，你婚後不是又要面臨著新的煩擾？而如果不對愛情過於苛求，把愛當做一種信仰，就不會有婚後彼此輕視的不愉快了。

　　韓丹和戴傑飛結婚了，一開始韓丹羨慕戴傑飛的身世和背景，但是結婚後，戴傑飛卻嫌韓丹不夠溫柔、體貼。為此，韓丹難免被冷落。但是，兩個人的生活總得過下去啊。後來，韓丹主動面對不如意，向戴傑飛示好並同時改變著自己。這樣，戴傑飛覺得韓丹越來越可愛了，其實她還不錯，就繼續和韓丹經營著這一段婚姻。

　　韓丹一開始被戴傑飛所吸引，但婚後戴傑飛對她不滿意，她只有被冷落，而她能正確地處理，微笑著面對，才能不至於

使這段婚姻走到了盡頭。

剛開始上班兩三年，愛情上的不如意也要坦然地去面對，如果和對方發生了不愉快，不必過於難過，向他認錯反而會更好，即便錯不在你，如果你微笑著去面對這個煩擾，問題就會得到有效解決。

所以，煩擾的事情很多，但要是我們能帶著輕鬆的心情去面對，就會得到不一樣的結果。願我們能正確地面對煩擾，活得瀟灑、實在！

溫馨提示

我們之所以會不愉快，是因為有事情讓自己煩擾著，但既然事情已經產生了，就有必要勇於面對。帶著輕鬆的心情去面對煩擾反而更容易解決問題，否則，對煩擾恨之入骨、非要置之於死地，煩擾也不是省油的燈，只會讓你越來越煩擾，走不出其所設置的圈套。

Style 7
其實，你可以不活得這麼累

很多時候，上班族會感覺活得很累，不知道到哪一天才能放鬆下來。其實，從現在開始，就可以不必活得這麼累，而且不會耽誤其他事情，反而由於得到了放鬆，在其他事情上更精力充沛。

34　週末了，出去走一走吧

　　對於絕大多數上班族來說，一週之中最喜歡的兩天是週六、週日。因為在這兩天裏，無拘無束，可以想做什麼就做什麼。想想，辛辛苦苦工作了五天，好不容易盼到了週末。當週末到來的時候，一定會很放鬆，很慶幸。

　　然而，在週末我們該做什麼呢？是呼嚕嚕地大睡，還是……？這時候許多單身人士他們往往選擇在家裏宅著，或者看電視、聽音樂，或者睡覺；對於那些有對象的人，他們可能和他們的男朋友或女朋友去逛街、購物；當然，也有的人去爬山、交友等。

　　對於你，在週末兩天的時間裏你會做什麼呢？還是為著忙不完的工作煩憂，還是出去放鬆一下？

　　很多時候，如果我們有工作還沒有做完，我們往往會選擇把工作完成，因為，再完成不了的話，下週會被老闆責備，或者被扣工資，或者被降級。就這樣，我們焦頭爛額地做著並未完成的工作，直到工作都做完了才算鬆了一口氣，但是抬頭一

看，又到了週一，我們又要開始新的忙碌了。

　　每天都是做不完的工作，每天都是周而復始地做著同樣的工作，我們總希望得到放鬆。於是，盼啊盼，盼啊盼，終於又到了週末，這時候，我們就沒有必要再讓工作煩憂了，拋去工作上的煩惱，盡情地到外面走一走吧！

　　當然，或許你的工作還沒有完成，但總不能繃緊著心弦啊，畢竟人不是機器。在休息的時候有必要讓自己休息，這樣，在工作的時候才有精力去工作。所謂：「休息是為了走更遠的路。」如果你在工作時間就把任務完成就不會週末還有做不完的工作了。

　　週末是讓我們放鬆的時間，我們完全可以拋掉工作上的煩惱，盡情地去做喜歡做的事情。可以睡懶覺，也可以約朋友出去玩。但最好的是到外面走一走，不必一直宅在家裏了，畢竟我們已經在辦公室裏待了五天，如果剩下的兩天還要宅在屋裏，豈不是悶死人？

　　到外面走一走吧，看看人流和車輛，到商場逛一逛，到小吃街吃點好吃的……週末是給我們放鬆的時間，千萬不能虧待了自己。

　　否則，週末時還待在家裏，無情無緒，長時間下來人就會變得沒有精神了。

　　康傑是個上班族，他每天早出晚歸，活得很累。到週末的時候，他倒頭就睡，兩天都在家裏大睡。就這樣，他長時間都是以睡覺打發週末，意氣變得消沉，週一上班時也不會有生機、活力。而與此相反，康傑的同事高雪固然也是每週忙了五天，但在週末休息的時候，他不是待在家裏，而是到外面走動，看看人文和社會等等，到了週一的時候，高雪就會意猶未盡，還沉浸在幸福之中。當然，高雪在新的一週裏會更有精神。

　　康傑和高雪是同事，也都有週六、週日的休息時間，但兩人的結果卻不同。因為，康傑只知道宅在家裏，不是睡覺就是懶懶散散啥事也不做，而高雪則是外出走走活動筋骨，下週工作時也會更有精神。

　　我們有必要在週末休息的時候出去走動一下，想想我們好不容易盼到了週末，沒有必要再工作或者待在家裏了。

　　出去走動一下，在週末的時間，和你的朋友或者是你自己一個人，你會感到新的活力，會得到放鬆，會忘卻一週帶來的疲憊和壓力，而且在週一開始時會更有精神地投入到工作當中。

　　所以，週末了，出去走一走吧，或去購物，或去逛街，雖然只有兩天的時光，但足以消除你一週的疲勞。

溫馨提示

　　週末時我們想做什麼就做什麼，因為週末是屬於我們的時間，但最好出去走一走。因為出去走一走，會讓我們得到放鬆，會獲得新鮮的生機和活力，會為下一週的工作做好準備，不至於感覺到活得太累。

35　旅遊一下，放飛想飛的心

　　時常地，我們會坐在窗臺，想像著外面自由的世界。蜜蜂兒在採著蜜，小鳥兒在歡快地歌唱，有流水行雲，有花紅柳綠……我們想著想著都會笑起來。可是轉念一想，又要面對繁重的生活。

　　為了生存，我們每天不停地上班。我們一直希望會活得更好，將來能住上花園別墅，閒暇的時候到風光秀美的地方去旅遊。我們也會經常對別人說，我去過天壇，去過巴厘島，去過新加坡，去過雪梨……但這些興奮是短暫的，我們不可能總是去旅行。因為，在一趟旅行下來要付出不少代價，例如，時間、金錢等。

　　就這樣，我們一直耽擱著，沒有到外面去旅遊，但一想起那些風光駘蕩的地方就禁不住嚮往。特別是在我們累了睡了的時候，我們常常會做這樣的美夢：你自己一人來到一個沒有人打擾的地方，有色彩斑斕的貝殼，有瓦藍瓦藍的天空，夜晚可以看星星，躺在沙灘上講故事……我們覺得舒服愜意極了。直

到鬧鐘鈴聲響起，我們才發現是一場夢，趕緊起床，又要開始新一天的忙碌生活了。

我們認為可能會活在對未來的幻想之中了，特別是當心靈疲憊的時候，更想到外面旅遊一番。但旅遊並不是一般人可以享受的生活，大部分人為了工作不停地忙碌，感覺到活得很累。在我們有了一定的經濟基礎之後，就可能要去旅遊了。

鄭復生是個愛幻想的男生，他小時候的願望是遊遍大好河山，可是，踏入社會之後，為了生存，他拚命地努力著。幾年下來，都是很累地生活著。鄭復生心想，他可能註定無法實現自己的願望了。

後來，因為一個案子上獲得了巨大成功，他得到了七萬元的獎勵。這七萬元對鄭復生來說，可以放鬆一段時間了。於是，他向老闆請了假，決定到雲南去旅遊一番。

懷著嚮往的心情，鄭復生來到了西川版納。看到那古色古香的吊角樓，大街上來來往往各式服飾的少數民族，鄭復生覺得增長了很多見識。

他每天都到雲南的各個地方去旅遊，見到了婆娑的椰樹、成群的大象、開屏的孔雀、跳躍的猿猴，鄭復生覺得生活中充滿了樂趣。而且，由於雲南是「彩雲之南」，天很高很藍，盛

產茶葉等，鄭復生在雲南待了半個月後都不想回去。他又向老
闆請了幾天的假期，盡情地享受著山水田園式的生活。

鄭復生從來沒有感覺到那麼自在，覺得生活豐富多彩極了。

鄭復生抽空去旅遊，使壓抑的心情得到放鬆，他才能盡情
地享受生活。否則，在工作上很勞累，而不願意讓自己休息一
下，會感覺到心力交瘁。

年輕的上班族有必要在非常壓抑的時候到外面旅遊一番，
看看藍天和大海，聽聽海浪和潮聲，會讓我們心情放鬆很多。

世界很大，我們不要局限於自己僅有的生活。當想旅遊
的時候，有那個能力或經濟允許的情況下，就到外面旅遊一番
吧。旅遊，會使你的心情得到放鬆，會使你感覺到從來沒有過
的快活。

杜博是一個公司的部門經理，他很早就想到香港旅遊，可
是，由於經濟等方面的原因，他遲遲沒有成行。年底的時候，
他獲得了很多的分紅，而且有很長的時間可以放鬆，他就決定
去看一下那個繁華的大都市。

當他來到香港之後，看到人煙阜盛、名流薈萃，徹底被迷
住了。他盡情地遊覽著香港，去過九龍的星光大道，去過灣仔

的跑馬地，去過旺角的金魚街，去過新界的寶蓮禪寺……杜博簡直都想把香港遊玩個遍，可是時間有限，在假期快結束的時候，杜博依依不捨地離開了香港。

回到公司後，他就開始向其他的同事吹噓了，說他去過了香港，也就今生不白活了。而他在工作後更充滿了活力，因為他決定下個年度的假期去愛琴海旅遊。

杜博因為得償所願，就會生活中充滿了勁頭，否則，只知道工作不知道去旅遊的話，就以為人生只有工作了。

其實，我們不必活得那麼累，固然要工作，但有必要讓自己休息。到外面旅遊一下，會放飛我們被壓抑的心，會增長我們的見識，讓我們對世界有一個新的看法。

在時間和精力足夠的時候，到外面旅遊一下吧，你會發現，原來，生活還是那麼地豐富多彩。

溫馨提示

旅遊一下，會改變我們枯燥、乏味的生活，會增長我們的見識，會讓我們對世界有一個新的看法。抽空旅遊一下，心情會豁然很多，會獲益匪淺。

36 活在當下，不預支煩惱

　　年輕人固然希望將來越來越好，也為此努力著，然而時常不會如願。在看不到將來的美好生活時，會活得很絕望。既然這樣，難免會每日很苦惱。但要知道，在將來，我們固然有可能如願以償，但那是將來的事情，只有目前才最為重要。我們沒有必要時刻憂慮著將來，過好現在，才不會煩惱。

　　有一對新婚夫婦，他們結婚後，妻子嫌丈夫工資少，而且家裏沒有錢，妻子經常為此擔憂，她不知道何年何月才能夠買得起豪華的別墅，不知道何年何月才能到國外去旅遊……她有很多美好的願望，但都覺得被現實擊垮了，為此，她整日鬱鬱寡歡。她的丈夫看到了，對她說：「我會好好賺錢的，別為了錢的事一直煩憂。」她說：「如果我們有很多錢，就可以過很好的生活，有別墅，有花園，熱天的時候可以去北方度假，冷天的時候可以到南方遊玩……可是，這些似乎很遙遠，永遠也不可能實現。」丈夫說：「凡事得慢慢來，總不能一步登天。

你看看咱們現在過得多好，不愁吃不愁穿，而且有這麼一個疼愛你的丈夫，你還奢求什麼呢？是那些高級的享受嗎？」妻子說：「不是如此。想想看，現在工資這麼少，何時才能過得上更好的日子呢？人都希望越來越好，我也是如此，如果現在就讓我住上豪宅，我一定會幸福死的。可是，這個願望恐怕一輩子都不會實現了。」看到妻子嚮往和歎息的表情，丈夫對她說：「不如過幾天咱們出去走走吧？」妻子說：「去哪裏？」丈夫說：「你不是想旅遊嗎？我帶你到一些漂亮的地方去看看。」妻子同意了。

　　幾天後，丈夫把妻子帶到了郊外，這裏都是富人居住的地方，看到那些錯落有致的庭院，妻子羨慕極了。這時候，他們走到一戶人家的門口，有一個老態龍鍾的老太太蹲在板凳上。丈夫對妻子說：「看到那位老太太了嗎？你說她生活得幸福嗎？」妻子說：「當然很幸福，你看看她住的地方就知道她多有錢了。」丈夫說：「如果也讓你變成一個老太太，讓你住著豪華的別墅，你願意嗎？」妻子頓時不說話了。丈夫接著說：「他們雖然很有錢，但也有很多煩惱，哪裏像我們生活得這麼幸福。」妻子反問著：「難道我們幸福嗎？「丈夫說：「當然，即便平平淡淡也是其樂融融，這是很多富人都渴望不到的。他們每天忙得焦頭爛額，哪裏顧得上享受生活？不像

咱們，想出來逛的時候就出來逛，想睡覺的時候就睡覺，想看電視的時候就看電視，沒有煩惱，沒有憂愁，多麼快樂啊！」妻子說：「可是，咱們沒有錢啊，這件事一直讓我時刻煩惱不已。」丈夫說：「錢是可以掙來的，但有錢後我們會怎麼樣呢？無非是吃得好一點，穿得好一點，住得好一點，但到那時我們會真正幸福嗎？況且咱們現在不是在努力地掙錢嗎？何必要渴求那麼多呢？以免過得不快樂。」妻子說：「聽你這麼一說，我倒覺得心裏豁然了很多，不用再一直奢望將來了。其實，我想要過的生活就是你剛才說的那樣，夫妻恩恩愛愛，有福同享，有難同當。我現在明白了，太多的金錢只會讓自己活得不快樂，反而沒有我們倆平平淡淡幸福。」丈夫聽了，把妻子摟入了懷抱，笑了。

妻子一開始渴求過上有錢人的生活，結果很煩惱，活得不快樂。後來，她發現她目前的生活還不錯，就不會因為追求不到再苦惱了。

我們也應該活在當下，即便不是多麼富有，但人只有活在當下，才會無所牽掛，才不會因為得不到而讓自己感到壓力很大。

想想看，我們渴望將來過得更好，現在不得不拚命工作，

但等將來我們擁有了會真正幸福嗎？說不定有些已經錯過了，我們開始後悔當初不該那麼勞碌了。

有一個富翁，他年輕的時候精疲力盡地去創造財富，年老了才過上自己想要的生活。可是，這時他已行動不便，看到那些充滿活力的青年，他非常羨慕：「如果我還年輕那該多好啊？我追求了一輩子難道只是老年的安逸嗎？」富翁想著想著，就悲從中來，流出了淚水。

富翁追求了一輩子，到後來卻發現錯過了很多。

我們沒有必要一味地渴求將來，活在當下才最為重要，當然，當下要平平淡淡，即便非常富有，也不可鋪張浪費。

有一個青年，每逢春節，都要給家裏帶回大量好吃的東西，他活得很快樂。沒錢的時候去賺，有錢的時候就花。相反，他村子裏有另外一個男青年，由於家裏很有錢，就在家裏待著，盡情地享受，後來，他的家產快被他揮霍盡了，他開始為未來煩憂了。

兩個青年都是活在當下，盡情地享受生活，結局卻不同。

那個沒錢的時候去掙、有錢的時候去花的青年顯然比只知道坐享其成的青年要好一些，但不能「今朝有酒今朝醉，明日愁來明日愁」，也有必要為未來考慮。否則，現在是可以享受生活，將來就有可能煩惱了。

我們有必要正確對待活在當下和不耽誤將來。活在當下我們不會衍生出太多的煩惱，活在當下我們會更好地不錯過目前。當然，不可只知道現在的享受，也有應該為未來考慮，以免現在是可以無憂無慮，等將來坐吃山空了只好開始新的愁苦了。

溫馨提示

活在當下很重要，這樣才不會預支煩惱，但我們有必要在享受當下的同時為未來做好準備，以免現在是可以無憂無慮，沒有了對未來的打算，未來就會一籌莫展開始懊悔了。

37　順其自然，淡泊地生活

天下萬事萬物都有一定的自然規律，如果剛開始上班兩三年我們並不能按照自己的意向改變世界，就應該改變自己，因為我們實際上無法要求世界配合我們。

試想想看，日出日落，雲卷雲舒，會因為你的意志而有所改變嗎？既然無法左右大自然，也沒有必要和大自然做鬥爭，尤其是一些自然的規律更不可違背。

人類雖然有可能勝過自然，但本身也是十分渺小的，尤其是在浩瀚的宇宙當中，人類更顯得微不足道。而我們沒有必要非得去斤斤計較，例如，讓自然適應自己，讓世界按照自己想像的方向發展。

其實，我們可以影響世界中的一些東西，但並不是我們可以完全掌控的，畢竟我們只是人類，不能硬要違背自然界的規律。只有順其自然，才會活得實在，否則，非得要和自然抗爭，就會受到自然的懲罰。想想看，水土流失、臭氧層破洞是怎麼來的？無非是人類沒有順其自然。

我們有必要順其自然，順其自然才會快樂、長久。

宋普照是個年輕的縣長，為了功成名就和他的同僚們可謂是各種手段都使盡了，然而最後的結果是，宋普照敗退了下來，被降級了。他不甘心只是一個小小的村官，但是他在官場上爭得也累了，只好安於被「懲罰」的生活。

他來到了一個小鎮，連原先的村官也不做了，因為他連縣長都嫌小，村官他能滿意嗎？他要遠離官場，就在新到的小鎮裏租了一處院子。他每天種菜、讀書，日子過得很平淡。宋普照認為註定要平淡下去了，註定要在這個小鎮裏度其餘生了。

後來，宋普照在鎮子的東頭發現了一個小池塘。雖然池塘面積不很大，但裏面的水很清澈，而且有許多魚兒自由自在地游著。他覺得他就像這個小池塘，只有孤芳自賞了。

從此以後，宋普照就經常來到這個小池塘，看著蜻蜓在飛舞，看著荷花開得正絢爛，看著魚兒一會兒躍出一會兒鑽進水波，看著月光投在水面上柔和的樣子……他覺得生活中充滿了樂趣，和這個小池塘成了朋友。

他忘卻了官場上的明爭暗鬥，閒暇的時候可以釣釣魚，養養花，日子過得愜意極了。而且由於宋普照心胸豁達，他認識了不少鄰居。發現鄰居們都那麼親切、友善，他才知道人並不

都是奸詐、虛偽的，他覺得在這裏定居，安享晚年，不失為明智的決定。

宋普照一開始在官場上爭鬥，結果被降級了。降級後他的生活只會歸於平淡，然而，從平淡的生活中他卻感受到了無窮的韻味。有些東西不可以去改變但可以去適應，有些東西不必強求，順其自然反而會更好。

想想，有的人爭了一輩子，是為了什麼呢？無非是到後來淡泊地生活，看春花秋月，任潮漲潮落。當然，我們年輕時很難有這種閒心，尤其是在剛開始上班兩三年更沒有這種閒情逸致去享受生活，我們更多地在乎的是功名利祿。

固然我們都想成功，也可以為自己的夢想追求著，但這樣會很累。成功了會沾沾自喜，而要是失敗了呢？

無論成功還是失敗，人的生活最終都會歸於平淡。而看淡成敗得失，才能更好地面對接下來的日子。

溫馨提示

年輕人意氣風發，都想得到更多，也想讓世界按照自己的理想發展，這固然有大志，但改變不了就要順其自然，畢竟順

其自然是長久之計。而且我們爭了一輩子到後來渴求的卻是一份平淡，如果我們現在不注意這些，就有可能在心力交瘁中喪失了自己。當然我們不可年輕時就無所追求，以免人生只是平平庸庸地度過。

38　欲望少一點，快樂也就多一點

　　剛開始上班兩三年我們感覺到很累，大多數是因為奢求太多。想想看，世上的誘惑那麼多，我們每一個都不想錯過，這樣，難免會累得精疲力盡。而我們也在努力地追求著，但到最後有多少真正地屬於自己呢？我們才發現追求了很多卻失去了也很多。這時候，才開始後悔，然而人一旦後悔，就不會活得快樂了。

　　我們有應該從現在起就開始減少一些欲望。想想看世上的東西那麼多，真正屬於我們的並不多，而我們也沒有必要擁有那麼多，太多了反而會成為累贅，只有不多不少，才可以輕鬆地前行。

　　一個年輕人向禪師訴說著他的煩惱：「我這些年來活得很累，我是那麼地努力，付出的也那麼多，然而到後來得到了什麼？都說天道酬勤，為什麼在我身上得不到應驗？看來我這一生真的是要痛苦地活下去了。」禪師鎮定地說：「你想要得

到什麼呢？你努力地付出是為了得到什麼呢？」年輕人說：「起碼不能每次努力都白費。您想想看，我希望成為一位商人，也投資了不少，然而正當幹得起勁時卻血本無回；我又想開一間店，本以為能穩賺，然而我辛辛苦苦地付出了那麼多卻始終還是虧本。我不知道老天為什麼要這麼捉弄我，我付出了那麼多卻一件事情也沒有做成。」禪師說：「你可以只做一件事啊！」年輕人說：「第一次經商失敗了，我就認為開店會成功，然而還是失敗了，我不知下一步該做什麼了。」禪師說：「如果你去做一件事結果就會不同了。想想看，你做一件事的時候並不會有其他方面的顧慮，即便你遇到了困難，堅持下去終會柳暗花明的。」「可是，」年輕人說，「我想任何行業都嘗試一下，任何行業都成功，我想在有限的生命裏做更多的事。」禪師說：「看看，問題就出在這裏，你哪有那麼多時間和精力去做很多事？如果你能做下去，每一個行業都只是淺嘗輒止，到後來的結果是什麼呢？無非是每一個行業上都失敗。」「我不認為自己一定會失敗，相信自己能把每件事情都做成功，為什麼自信了還要受到懲罰？」禪師說：「不是在懲罰你的自信，而是你的欲望太多，何必要奢求那麼多呢？以致到後來活得很累連一件事情也得不到。」「可是，我不想放棄啊，想每一件事情上都成功。」禪師說：「你還想勞累得活

下去嗎？還想血本無回嗎？還想屢次失敗嗎？還想疲憊不堪嗎？」年輕人搖搖頭說：「當然不想了。」禪師說：「這就對了，我給你一個很好的建議，保管讓你如沐春風。」年輕人說：「請大師指教！」禪師說：「你不是追求的很多嗎？放下所有的只追求其中的一件。」年輕人驚訝地問：「這樣有效嗎？我在其他事情上的付出不都是白忙一場了嗎？」禪師說：「你必須要這麼做，不然的話，你一直會徒勞無功的。」年輕人將信將疑，但還是謝過禪師，離去了。

幾年後，年輕人又來拜訪禪師，這時候他容光煥發，已經是某個行業裏的精英。他一見到禪師，就大呼驚喜，說：「大師，你的話太對了，我回去後放下所有的只留了一件，沒想到果然在那件事情上大有成就，現在我功有所成，真的是有賴於您的再造啊！」

年輕人一開始由於欲望太多不捨得放下，結果每一件事情都想成功、每一件事情都以失敗告終。好在他後來明白了，人生不能欲望太多，只有放下不必要的，才能輕鬆前行，他才能有所成就。

上班族應該明白，人生路上不能有太多的欲望，因為欲望多了，反而會讓我們不知道哪個才是真正想要的，我們往往會

在眾多的欲望中迷失了方向。每個都想要，結果，由於對每個都不專心，每個也不會得到。這樣，每一件事情上都付出了努力，每一件事情都以失敗告終，我們就會非常苦惱，為什麼付出會沒有回報呢？

但要知道你的付出是那麼膚淺，尤其是朝三暮四，三天打魚兩天曬網，縱使你很勤奮，也往往得不到結果。

只有專心致志於某件事，心無旁鶩，我們才能免除其他顧慮，讓自己輕鬆很多，而且很好地把事情做成功。

📋 溫馨提示

我們沒有必要犯下欲望太多以致到後來什麼也不得到的錯誤。只有欲望少一點，快樂才會多一點，我們才會在付出一定的努力後達到某一件事情上的最大成功。

秀威經典　　　　　　生活風格類　PI0034　健康網02

上班二三年開始減壓過生活
──38則職場幸福小練習

作　　　者／佳　樂
責任編輯／林千惠
圖文排版／周妤靜
封面設計／蔡瑋筠

出版策劃／秀威經典
發 行 人／宋政坤
法律顧問／毛國樑　律師
印製發行／秀威資訊科技股份有限公司
　　　　　114台北市內湖區瑞光路76巷65號1樓
　　　　　電話：+886-2-2796-3638　傳真：+886-2-2796-1377
　　　　　http://www.showwe.com.tw
劃撥帳號／19563868　戶名：秀威資訊科技股份有限公司
　　　　　讀者服務信箱：service@showwe.com.tw
展售門市／國家書店（松江門市）
　　　　　104台北市中山區松江路209號1樓
　　　　　電話：+886-2-2518-0207　傳真：+886-2-2518-0778
網路訂購／秀威網路書店：http://www.bodbooks.com.tw
　　　　　國家網路書店：http://www.govbooks.com.tw

2015年8月　BOD一版
定價：250元
版權所有　翻印必究
本書如有缺頁、破損或裝訂錯誤，請寄回更換

國家圖書館出版品預行編目

上班二三年開始減壓過生活：38則職場幸福小練習 / 佳樂
著. -- 一版. -- 臺北市：秀威經典, 2015.08
　　面；　公分
BOD版
ISBN 978-986-91819-5-2(平裝)

1. 抗壓　2. 壓力　3. 生活指導

176.54　　　　　　　　　　　　　　　　104011173

讀者回函卡

感謝您購買本書，為提升服務品質，請填妥以下資料，將讀者回函卡直接寄回或傳真本公司，收到您的寶貴意見後，我們會收藏記錄及檢討，謝謝！
如您需要了解本公司最新出版書目、購書優惠或企劃活動，歡迎您上網查詢或下載相關資料：http:// www.showwe.com.tw

您購買的書名：＿＿＿＿＿＿＿＿＿＿＿＿＿＿＿＿＿＿＿＿＿＿＿＿＿

出生日期：＿＿＿＿＿年＿＿＿＿＿月＿＿＿＿日

學歷：□高中 (含) 以下　　□大專　　□研究所 (含) 以上

職業：□製造業　□金融業　□資訊業　□軍警　□傳播業　□自由業
　　　□服務業　□公務員　□教職　　□學生　□家管　　□其它＿＿＿

購書地點：□網路書店　□實體書店　□書展　□郵購　□贈閱　□其他

您從何得知本書的消息？

　　□網路書店　□實體書店　□網路搜尋　□電子報　□書訊　□雜誌

　　□傳播媒體　□親友推薦　□網站推薦　□部落格　□其他＿＿＿＿＿＿

您對本書的評價：(請填代號　1.非常滿意　2.滿意　3.尚可　4.再改進）

　　封面設計＿＿＿　版面編排＿＿＿　內容＿＿＿　文／譯筆＿＿＿　價格＿＿＿

讀完書後您覺得：

　　□很有收穫　□有收穫　□收穫不多　□沒收穫

對我們的建議：＿＿＿＿＿＿＿＿＿＿＿＿＿＿＿＿＿＿＿＿＿＿＿＿

＿＿＿＿＿＿＿＿＿＿＿＿＿＿＿＿＿＿＿＿＿＿＿＿＿＿＿＿＿＿＿＿＿

＿＿＿＿＿＿＿＿＿＿＿＿＿＿＿＿＿＿＿＿＿＿＿＿＿＿＿＿＿＿＿＿＿

＿＿＿＿＿＿＿＿＿＿＿＿＿＿＿＿＿＿＿＿＿＿＿＿＿＿＿＿＿＿＿＿＿

11466
台北市內湖區瑞光路 76 巷 65 號 1 樓

秀威資訊科技股份有限公司　　　收

BOD 數位出版事業部

⋯⋯⋯⋯⋯⋯⋯⋯⋯⋯⋯⋯⋯⋯⋯⋯⋯⋯⋯⋯⋯⋯⋯⋯⋯⋯⋯⋯⋯⋯⋯

（請沿線對折寄回，謝謝！）

姓　　名：＿＿＿＿＿＿＿＿＿　年齡：＿＿＿＿　性別：□女　□男

郵遞區號：□□□□□

地　　址：＿＿＿＿＿＿＿＿＿＿＿＿＿＿＿＿＿＿＿＿＿＿＿＿＿＿＿

聯絡電話：(日) ＿＿＿＿＿＿＿＿＿＿＿　(夜) ＿＿＿＿＿＿＿＿＿＿＿

E-mail：＿＿＿＿＿＿＿＿＿＿＿＿＿＿＿＿＿＿＿＿＿＿＿＿＿＿＿